心的騷動，
化剝奪的無限可能

心癢

Tickled

A Commonsense Guide to the Present Moment

達夫・麥當諾——著
Duff McDonald

林金源——譯

• 給喬伊
你是對的。

• 給女士
你真是不可思議。
你就是可能性本身。
感謝你的愛。

• 給巴布
感謝你的方方面面。

• 給JK
感謝你重新將我介紹給我女兒。

• 給JC
感謝你重新將我介紹給我的大腦。

• 給雨果
感謝你幫我說出我設法想說的話。

• 給赫里斯
感謝你相信我。

• 給貝蒂
我為了喬伊感謝你。

• 給現在
因為現在是所有的一切。

還沒被搔癢

那幫教士何以變得如此嚴肅？
而且這般陰鬱地在說教？
我想是上帝還沒搔他們的癢。
親愛的——要趕快。

——阿維拉的聖德蕾莎（Saint Teresa of Avila，一五一五～一五八二年）

目錄

序言

認定自己只不過是個人類，這可是個最大的謊言，因為我們是創造宇宙的上帝。❶

——斯瓦密・維韋卡南達（Swami Vivekananda）

精準悖論

我要用一種可能跟你讀過的大多數書稍微不同的方式，來開始這本書。這確實不同於我所寫過的任何一本書，這是一本我一直想寫、但終究沒有寫成的書。這本書在談一個我自認極為符合我的專業與優勢的主題，而且我相信它將是我所創造過最好的東西——我職業生涯的巔峰之作。我的出版商樂見其成，還給了我一筆可觀的預付款，於是，我在二〇二〇年五月開始動筆。

結果，沒有一件事如我所規劃的那樣，那些最初的想法再也無法使我發癢。因此最終，我寫出了一個完全不同的東西。

在我說明此事發生的原因前，我想先讓你知道最初設定的那本書，因為它對於理解我最後為什麼改變十分重要。請別以為我在要求你讀一個未完成的東西，因為它確實完成了：此刻你正在讀它。而且，我至今仍然相信，你即將在書中讀到的每一句話都是完成品，差別在於，我比剛開始寫的時候更深刻地相信它們。因此，我最終寫出了一本和預期中不太一樣的書。

那麼，我們開始吧。

這是本書該有的樣子，更確切地說，它也只能是這個樣子。在寫了這篇引言後，我明白我做錯了什麼。

《精準悖論：我們的執迷於測量，如何導致常識的衰退。》

世界上有兩種人：一種人以為能夠測量一切，而另一種人知道辦不到。前者從後者手上奪取了社會的決策工具，而且一直緊握著這項工具，並且獲得了權力——如果主事者認為測量的重要性高於它應有的程度，那麼，測量的重要性就會被高估。我們將太多集體決策的控制權交給那些自命為「專家」的人，他們在注定一無所獲的地方，也就是大量的數據資料中，找尋對人類極其重要的**真**

相。

當你**數算**東西，你會得到什麼？一個數字，當然。這個數字裡包含了什麼？除了它本身，什麼也沒有。數字永遠是對的嗎？這個嘛……你請三個人去計算某個柴堆的木柴數量：

甲：「柴堆裡有二百根木柴。」

乙：「柴堆裡有一百九十八根木柴。」

丙：「我沒空數，所以我把前兩個推測平均起來，視為一九九根木柴。」

有沒有可能，其中一個數字是正確的？是的，有可能。

有沒有可能，這三個數字都是正確的？當然不可能。

有沒有可能，沒有任何一個數字是正確的？絕對有可能，尤其考量到第三個人甚至嫌麻煩而設法透過了數學——將兩個數據加以平均——來得到一個解答，而非尋求直接的體驗（去數算木柴的數量）。

因此總結來說，某個數字可能包含了真相，也可能不包含真相，得視情況而定。不僅如此，我們都知道，從事計算的人在討論的方式及數字的重要性上發揮了極大的權力，即使他們並沒有掌握真相。

每個人都希望自己是對的，可以理解的是，每個人都傾向於認為自己說的話是帶有真相分量的事實，即使這些事實是錯的。我們隨時都在這麼做，但有個問題：到了某個時刻，我們開始將「事實」與「真相」混為一談，久而久之，我們逐漸相信數字不再只是表明了事實，也表明了真相。此外，我們賦予數字高於文字的資格。

有些人處理真實的人和真實的事——我們稱為專業人士；也有些人處理我們所產生的數據，並試圖記錄下來——我們稱為專家。專業人士處理現實，而專家處理現實的模型。我知道還有其他類型的專家，但如果你翻開二〇二一年的報紙，當他們提到專家時，其實是指分析師，而分析師負責數算東西。想想：在二〇二一年，如果你願意花時間數算東西，就可以稱自己為**「專家」**。連三歲小孩都會算數，然而，要幫助三歲小孩了解他們到底在算什麼，則需要一個知道如何使用他們語言的人。

算數者想做的是：測量和評等一切的事物。

是這裡或歐洲，有更多的人命在旦夕？
所有這些死亡要花費多少成本？
史上最昂貴的病毒是哪一種？
民調對於那個數字有何看法？

我不只在談新冠疫情，我也在談**一切的事物**。我們之所以無法停止計數，原因是計數比理解更容易。但是，真相藏在事物的本質中，如果我們想知道某樣東西有多少個，那麼計數通常就足以應付了，前提是，我們能對在數些什麼東西達成一致的意見，然後對計數本身有一定程度的共識。然而，問題不在於有多少個，而在於為什麼。你有多常更新你的數字並不重要，它們無法回答你的問題。數字唯一包含的東西就是它們本身，此外別無他物。

儘管如此，我們繼續不斷地測量和數數，想藉此回答那些不能被量化的事物的問題。**什麼是人的價值？**專家要我們用數字彼此評估：我們的年度銷售績效、我們的智商，或我們的網紅等級……然而這些數字絲毫不能說明我們真正的身分，或者釐清使得我們成為「人」的是哪些事情，例如覺知程度或態度，或者換個方式來說——我們的心境。唯有透過覺察你的存在，才可能獲知真相或絕對的現實。但關於覺知，並沒有精準這回事，因為覺知不是一種思考，無法被任何心智過程所理解，它完全存在於智能領域之外。

量化的世界觀

我們牢牢地被困在對精準的執迷之中，而精準的源頭是數字和量化的世界觀。在多數情況下，精準是一座虛無縹緲的海市蜃樓。對於某些事，我們可以講求精準，包括身高、年齡、每隻手的手指數量或房間裡的人數，但有些事我們無法做到精準的理解，例如直覺、心情、和諧度或人們做各種事情的理由。還有，一旦你測量了某件事物，如同理論物理學家海森堡（Werner Heisenberg）告訴你的，你已經放棄了它的來龍去脈，當你確定了位置，你就失去了對速度的掌握；當資訊變得去情境化，你對它的理解就流失掉了。

這種情況是從什麼時候開始的？捷克經濟學家塞德拉切克（Tomas Sedlacek）認為：現今這個時代最重要的特色，或許是從強調**「為什麼」**變成了強調**「如何」**，他寫道，「這種變化可以說是從本質到方法的轉變。科學時代試圖將我們的周遭世界去神秘化，以機械、數學、決定論和理性的外衣來呈現，並摒除那些無法憑藉經驗來證實的自明之理，例如信仰和宗教。」[2]從「為什麼」到「如何」的轉變，也是大多數人變老時會發生的事：兒童想知道為什麼，而成年人想知道如何。

說到試圖量化那些不可量化的事物，社會科學家特別應該被究責。一個世紀前，他們為了得到眾人的敬重，給自己穿上了科學方法的外衣，此後我們一直聽到團隊合作的百分比，以及樂觀估計平均數之類的胡說八道。我們為何不停下來處理這些荒謬的測量行為？因為我們太忙於透過計算來打通啟蒙之路。但是，數字並不是解開存在之謎的辦法。

就此而言，數字同樣無法解開新冠病毒之謎。如果你光是數算新冠疫情所引發的事情，那麼你只是在描述表象，沒有深入理解重點。沒有人需要被告知這個病毒是什麼——它是殺手。再者，所有專家似乎都是在告訴我們發生了什麼事——這裡有多少人被感染、那裡有多少人死亡、病毒如何傳播等，但我們應該瞄準的答案是此事為什麼會發生，那是我們能做出有意義決定的唯一辦法；同時，不只是關於如何做出反應，更關於我們如何預防新冠疫情的再度發生。我們需要問為什麼，才能去理解，而非只是描述那些所遭遇的事。事實是，我們已經知道發生了什麼，而儘管我們擁有數量驚人的專家建議，卻可悲地無法了解它。

不過，本書不是在談新冠病毒，而指涉了更寬廣的事。這本書在談奇蹟。什麼是有史以來發生過最神奇的事？對每個人而言，最天大的奇蹟就是我們存在，沒有這個奇蹟，就什麼也沒有。因此，存在是個重點，但關於存在的這個狀態，你無法數算或量化它，它在不停地改變中，它是一種變遷。

關於活著，現在和將來都沒有什麼東西可以精準地說明，但我們卻數了又數。我們冒著失去什麼的風險？我們已然失去了什麼？答案幾乎就是我們的人性。人類發明了數字並迷戀這個創造物，人類想要測量一切，忙著計算事物的本質。讓我換個說法：我們沉醉在打造機器的成功中，開始試著打造靈魂科技，而這麼做就是冒著失去靈魂的風險。

我沒有興趣重申由來已久的品質與數量之爭，我感興趣的是現代生活核心中的悖論。例如大家可能都同意：快樂比有錢好。但我們對於測量的執迷導致了我們設法去計算**品質**，近年來，此類事物的典型包括了荒謬至極、可以被量化的**「快樂科學」**，以及製造滿足感的龐大產業。

我們試圖利用測量來回答的問題包括：

我是誰？

我為什麼在這裡？

什麼事使我快樂？

我們越是想利用測量來回答問題，越是忽略了真正的本質。當我們設法仰仗計算來達成結論，就會出現太多無法調和的變數。人性包含了太多的層面，這些層面與我們所珍視和無法控制的事物有關，多到不可能塞進一個公式裡。如果我們想得到一切問題的答案，我們需要從我們一貫依賴的測量中抽身，試著以不同方式來理解現實。

近年來，情況變得明朗，我們以為是**真相**的東西，並不像許多人以為的那般不可動搖，那是因為真相位於我們的思考範疇之外。測量者或許能數算出我們有多少個人，但無法為唯一的真相（亦即**存在狀態**）標上一個數字。這個真相取決於我們自身，而答案不是一個數字。我們不能也不該用我們難以理解的心靈，去換取簡單計算人口數量的效率。前者是我們的一切，而後者只是一種方法，一種用來描述表象的貧乏方法。

長久以來，我一直認為我們將太多的社會控制權放在極小範圍內的一群思考者——分析師——

手上，這麼做已經剝奪了我們豐富的共同生活，因為這些分析師以為我們能靠測量獲得**真相**，但真相並非一個數字。

客觀和真相

再者，我們混淆了所謂的「客觀性」和「真相」。如同多數人的理解，客觀性只不過是個過程罷了，也就是我們測量、測量、再測量，忙著致力於無節制發展的一個過程，這麼做的同時，我們用智慧交換精確，用人性交換數學化。❸就如同我的朋友溫克（Chris Wink）——藍人樂團（Blue Man Group）的共同創辦人，以及拉斯維加斯溫克世界（Wink World）背後的策劃者——所描述的，我們陷入了瘋狂的「統計淫」（"statsurbation"）。

想想「**量化的自我**」這個概念。在缺乏意義和目的性的自我提升文化中，測量給了你一個目標，告訴你可以靠測量獲得更好的生活，這種想法相當適合這個機械化、簡化和分析的世界。我們不停測量各種進展，銷售主任賣給我們指路明燈，幫助我們解釋自我，而他們也在我們數數的同時獲利。那些用來描述自我的數字，讓我們覺得好像掌握了控制權，其實不然。數據資料讓我們倍感壓力，我們在不該干預時進行干預，然後倚賴提供數字的人提出解決方案，以處理被數字創造出來的問題。

最重要的是，我們沒有更靠近**答案**。我們用測量、比較、縱向研究和預測，混淆了我們自己。所以，我們需要停止計算每一件事，並開始注視它們。我們需要停止計算生活，並開始**過生活**。我們需要減少測量已經發生或可能發生的事，而將更多注意力放在**此時此刻正在發生的事**。

如果我們能保持專注於此時此刻，那麼剩下的部分便不勞我們費心。佛陀說：「智者訓練其心，每次只關注此時此刻的一件事。」❹我同意他的說法。

關於上述內容，我希望讀者至少有一部分能點頭贊同。我們如何走到眼前這一步？我們之所以走到眼前的這一步，是因為數字改變了世界，人們在硬科學的幫助下學會了控制周遭的物質環境，看似朝著更好的方向發展了。但我們對數字的依賴已然失控，我們誤信科學方法能獲致真相，導致我們將量化擴展到那些不屬於它們的領域。

我們越是相信數字能描述超出**數量**範圍以外的事物，越是在欺騙自己可以掌握確定性，但情況並非如此。「確定性」是一種假象，因為我們唯一能確定的事，就是無限。意思是，它是無窮無盡的，我們絕無法憑藉計算搆著它的輪廓，以及我們自身的存在。此刻你存在，接下來的任何事都有可能發生，因此你是無限的，你就是宇宙。

我不是出身於某些反數學的詩意領域，我最早喜愛的智力活動都與數量有關——編碼、化學、微積分。我從前研究金融，因為我被它的數學基礎所吸引，現在我迷上偉大的阿根廷詩人波赫士（Jorge Luis Borges），他的小說建立在哲學、數學和邏輯的基礎上。

不過近年來，我對數學的喜愛已經轉變成關切數學化的問題，我寫過兩本書，一本是《你所不知道的麥肯錫》（*The Firm*），寫的是關於麥肯錫公司的運作，另一本《金色護照》（*The Golden Passport*）寫的是哈佛商學院，這兩本書都對日漸支配我們社會的分析力發出了警告。資本主義過度吹捧分析力的結果，造成了文化批評家德雷謝維奇（William Deresiewicz）所稱「優秀的羊群」（Excellent Sheep），這個社會現象是說，在錯誤的教育下，一群計算能力不輸任何人的菁英，卻像無頭蒼蠅那般汲汲營營，這理論在探討遇到重大問題時，我們如何進行批判性和創意思考，以及如何找到目的感。❺

菁英份子偏好看績效，因為績效比較容易測量，而且會出現可預測的結果，這代表我們不去找尋旅途中的滿足感，反而專注於目的地。還有，當我們給予目標過高的優先順序卻未達成，我們會因此沮喪，甚至可能降低目標。如果再度沒有達成目標，那更是陷入了深淵。可以說，我們最常見的失敗經驗，直接源自於那些我們用來測量自己的數字。換言之，你原本不知道自己出了問題，直到有人（或許是你自己）告訴你，說你沒有達標。

別誤會我的意思：測量狂熱對我們一直是有價值的，硬科學讓大自然在無數方面為人類屈服，還有，統計學家將人類從以猜測為基礎的生活中解救出來，推進到以預測為基礎的生活；測量的確在許多領域帶來了巨大且持久的正面效應，從為天氣作準備到安排火車班次。然而，當我們執迷於給「未來」安上某個數字，就脫離了「現在」，即使我們沒有做著關於明天的夢，也不停地與數字牢牢綁在一起，讓當下就這麼溜走。也就是說，試圖測量，扭曲了我們的真實經驗。

換言之，一旦我們面臨需要加以理解的處境，而處理方法是進行測量，那麼，很可能我們從中唯一學到的東西，就是測量的結果本身。如果你將測量結果誤認為答案，你會忽視掉對真相的追尋。同樣的道理也適用於特定處境——**這件事為何發生？**——還有最終的提問——**我為什麼會存在？**光憑一個數字或一串數字，都不足以回答上述問題。就像作家希爾（Nathan Hill）說的：「看清自我是一輩子的功課。」

本書主旨在成為一部智力的測量史，它將記錄我們如何透過數字，以固執（且徒勞地）期盼能出現一個黑白分明的世界作為動力，在誤導下對於確定性的追尋。一路上我們從設法了解自己到設法控制自己、使自己趨於完美和進行自我分類，這麼做的同時，我們創造出極為強大的某種正統和觀點，多數人甚至無法看見那些背後被建立起來、用以支撐的假定和設想。我們是我們所設計出來的體制——許許多多的體制——中的囚犯。

只是，我們要弄清楚，這不是一個現代才發生的問題，我沒有將它的根源追溯到社群媒體，也沒有追溯到演算法，後者是我們現代科技生活的構成基礎。確切地說，這是許多個世紀以來，人類在智力方面的主要追尋。西方思想界的早期主角之一柏拉圖認為，我們可以利用某種正式而抽象的方法來計算倫理學，但亞里斯多德在檢視了所有涉及在內的人性變數之後得到的結論是：數學上的精準（在倫理學領域）純屬妄想。所以，我們老早就在爭論這個問題了。

如果你將目光投往更遠的東方，看向古印度哲學，你會發現一些精妙且至今仍然切題的論述，指涉了我們精心打造了一個心之牢籠：「我們生活在一個安全的臨時小宇宙，它提供了一個避風港，代價是自我被困在它自己所建構的無知之中。」[6]在凝望過一個無限可能性的深淵之後，我們選擇躲在可以計算的或然性假象背後。

在那個長達幾個世紀的爭論過程中，我們做對了許多事，也做錯了許多事，不過近來錯的比對的多。我們搖搖晃晃地失去了平衡，被數字給壓垮。根據我的**計算**，最強有力的典範轉移發生在資本主義縮緊了對我們的掌控，以及減少了晉升到最高權力等級的人數。這時，為了測量而測量開始變得普遍，留下來的是如今被視為「進步」的尾巴搖狗現象。

資本家拼命的量化一切，以找尋充分的獲利機會，導致我們被禁錮在一個以數字為基礎的現實中，但，**那不是真的現實**。當我們需要理解某事，我們的直覺是先測量它，然後再建構出理解，並策劃一些行動，這些行動無不以我們如何操縱那些被測量的事物，或以測量本身為重點。這樣的體制低估了所有無法被測量的事物，也不利於那些數學傾向較低的事物，還有最重要的是，它限制了我們全面了解自己的眼界。

＊＊＊

所以情況就是這樣，我下定決心要寫的書在二〇二〇年五月開始動筆，我仍然認為它會是一本很棒的書，那是我寫過最好的提案，清楚簡潔、有如神助且十分完美。我接連幾個月向朋友宣告這個點子，每個人都被迷住了，多數人都說直覺地認為它很有道理！因此，我知道就廣泛的文化意義而言，這個時機是對的——我們活在一個量化時代——而且我很高興能寫出一本突破之作。

新冠疫情爆發時，我經歷了一場與身邊人同樣奇異而陌生的情緒，但我算幸運，因為這與我即將展開的寫作計畫似乎產生了一種關連性。在我們醒著的每一刻，大量湧向我們的數據風暴並沒有釐清任何事，新冠疫情揭露了終極的精準悖論——被「從數字中尋求意義」這樣的觀點給催眠的社會。換句話說，這個社會**在不存在意義的地方，努力尋找意義**。

這並非說，所有新冠數據中沒有任何有趣的事可以學習，確實有。但你讀過新冠相關資料吧？當中可能沒有一項跟你應該如何過生活扯得上任何關係。沒錯，戴口罩。可是不對啊，我們並非在新冠資料中發現了那個點子，我們早就知道如果你身體不健康，你要設法遠離致命病毒，最好的方法就是戴口罩。過去一年半提供給我們近乎無限多的數列和統計分析，卻沒有告訴我們任何真正需要知道的事。可以說，數字不僅不代表任何意義，還使我們分心忘記眼前的事——**你的生活，以及，你想不想繼續過你的生活**。

然而，幾乎沒有人能做到不理會數字。儘管新冠病毒不像淋巴腺鼠疫那樣致命和嚇人，但它以史無前例的方式引起全世界的持續關注。數字催眠了我們，而且惡性地接收我們的注意力。新冠病例的計數扼殺掉所有重要事情的討論，包括疫情到底為何發生。同時，數字使我們麻痺。大數目或許迷人，但也超乎我們的理解，留給我們許多矛盾的說法，例如「不可計算的死亡人數」。死亡人數不是不可計算的！要計算某個事物，你得去數算它的數量，而難以理解的是，死亡人數能多到什麼程度？然而，我們的語言是如此被追求精準的欲望所影響，以致於使用了「不可計算」一詞。

讓我把話說清楚：我感謝到目前為止，新冠疫情饒過了那些與我親近的人。失去所愛是件相當難受的事，在此我說過和即將說的話不應被理解成試圖淡化遭逢喪親之痛者所感受到的真實痛苦。我無意挑釁也不願輕看死亡，我想做的是告訴大家，在這樣的損失中，我們仍然獲得了一些深刻的東西。

在三月和四月的大部分時間裡，我做了其他人會做的事，在網路上看著事態發展，同時設法在Netflix上追《虎王》（*Tiger King*）影集，藉以分散注意力。到了五月，我設法將自己拉出泥淖並開始寫作。此時，精準悖論在我眼前結束了，這個時機堪稱完美。

將另一個「世界上有兩種人」的概念引進這本書，對我來說會不會太早？我希望不會，因為我無論如何都要這麼做。世界上有兩種人：一種是能夠安然處於現在，欣然接受生命不確定性的人。另一種人則辦不到。後者無疑會設法尋求控制，藉由計算機率來降低風險。至於前者，他們不理會機率，而將時間花在尋求各種可能性。當新冠疫情來襲，人們分裂成這兩個對立的族群，後者失去理智，變得越來越迫切渴望專家的指導，依賴那些會告訴我們未來境況的數字，而前者待在家裡，好好地適應了沉思和安靜的時光。

就像大多數的媒體，《紐約時報》試圖代表讀者來「理解」事件。幾週內，該報幾乎在每篇報導中宣稱，只有**專家**才知道該怎麼辦。但這些專家（可能更應該被描述為「分析師」）除了指出一些數字之外，根本什麼都不懂，彷彿引述那些數字就代表了某些意義。事實證明，大多數專家並不知道那些我們本來就不知道的事——這是一種病毒，它會殺死某些人，它在某些地方會快速傳播，而在其他地方的傳播則沒那麼快速。沒錯，戴口罩有助於延緩病毒傳播，但不對啊，那不是新聞，我們早就知道這個。

然而，只因我們已經知道某件事，並不代表專家們會停止預測。想想以下這篇二〇二〇年四月十八日，標題為「冠狀病毒：未來的一年」（"The Coronavirus: The Year Ahead."）的報導。在這篇五千字的報導中，「專家」一詞出現了十九次。

「我們無法很快回復到以往的生活。」根據二十多名專家的說法。

「大多數專家相信一旦這個危機解除，國家及其經濟會快速恢復。」

「接下來的兩年疫情會間歇地持續，專家說。」

專家們看似在預測未來，但那是不可能的，因為任何事都可能發生。麻煩的是，數字專家以為他們能預見未來，因為數字告訴他們如此。然而，數字甚至不存在於此刻！你可曾撞見哪個數字在街上蹓躂？——數字只不過是由人類心智建構出來的產物，一個甚至不存在的東西如何能為同樣也不存在的「未來」指出方向？我們到底怎麼了？

我原本預定二〇二一年的秋季著手寫作，但現在我明白我必須馬上動筆。我在五月時坐下來寫序言，就是你前面讀過的部分，目前為止一切順利。後來出乎我意料的是，我再也寫不下去了！

我才剛開始著手一本有史以來我認為最好的書，在我能期盼得到的最好時機，但我卻發現我即將犯下極大的錯誤。頃刻間，我明白我需要徹徹底底地重新思考這件我為了謀生而做的事。我明白我是問題的一部分，因為我一直指著別人說：「你們這些人才是問題所在！」

我必須將焦點轉回自己的身上，因為我是唯一能負責任的對象。我發現我在成年後大部分時間裡所做的事——寫下我認為我們（你、我、每個人）**不應該**做的事——並不對，我應該做的是：**寫點我正在做的事**。「唯有當你『引用』自身的經驗，你說的話才有份量。❼」印度瑜伽大師斯瓦密．沙奇達蘭德（Swami Satchidananda）寫道，我終於了解這句話的含義。就像我朋友達斯（Rupam Das）說的，「鸚鵡學舌有什麼意義？」

＊＊＊

我本該做什麼？我本該專注於那些我所喜歡的事，而不是令我憤怒或惹惱我的事。我本該專注於那些使我**發癢**的事。

我的女兒M使我發癢。我的第二任妻子喬伊（Joey）使我發癢。讀好書使我發癢。聽巴布・狄倫（Bob Dylan）使我發癢。製作康普茶使我發癢。在我的氣密爐裡升起一爐好火使我發癢。從我辦公室的窗戶望向樹林使我發癢。與喬伊和M一起躺在屋頂上仰望星空使我發癢。

在此我要停下說明我為何選擇「發癢」[1]一詞來作為本書的基礎理念。這是個有趣且笨拙的用語，不是嗎？在某個語境中它顯得極其天真單純：我們搔孩子的癢；M喜歡被搔癢。而在另一個語境中，它讓人感覺有點居心不良。不少人問我，一個使用「發癢」這個詞語的五十歲男人，這樣的作為是否可能引發不當的聯想？以下是我的回答：且讓我們思無邪吧！只因某事可能帶有冒犯之意，不代表它必然如此。

騷自己的癢

Tickle這個字在Merriam-Webster字典中的第一個定義，意指表面的發癢：輕輕碰觸（某個身體部位或某人）以刺激表皮神經，造成不安、發笑或痙攣。當人們說我們無法搔自己的癢，正是這個定義，畢竟你很難用自己的碰觸造成自己的不安，你無法搔自己腳底或胳肢窩的癢。如果這是該單字的唯一定義，由此斷定你幾乎不可能搔自己的癢，也不能說不對。

然而根據Merriam-Webster字典，tickle的第二和第三個定義有著更深層的含義：造成令人愉悅的興奮或激動，例如激發節奏感、引發笑聲或歡樂，例如被小丑的滑稽動作給逗笑。你能使自己興奮起來嗎？你能使自己發笑嗎？我能，而且我會這麼做。因此，**我搔自己的癢**。

讓我們來談談兩個定義的差異。第一個定義似乎是涉及身體方面的癢，而第二個定義更多指的是心理方面的癢。第一個定義關係到使你的某部位發癢，而第二個定義關係到使你整個人發癢，使你的整個存在（包括靈魂）發癢，比起某個身體部位的癢，這種癢更深刻得多。我的朋友攝影師霍特（Jeff Holt）有另一種思考，他說，發癢是「**真相的音叉**」。

既然我有權利按字典的定義使用單字，那麼我要說，我在談這個字眼的全部意義，從神聖到瀆神的。不僅如此，我也想談談在此刻搔你自己的癢，因為你無法在過去或未來搔你自己（或別人）的癢，發癢只能發生在現在。按這個邏輯，如果某事讓你發癢，它在告訴你什麼？它在告訴你，你是**活著**的。

你也可以說，「搔自己癢」的這個行為，是你傳達給自己愛的訊息。當某事讓你發癢，你正在體驗存在，你是活著的，並且在做你喜愛的事。因此，說我們無法搔自己的癢，就像在說我們無法愛自己的存在，那是可笑的說法。更重要的是，如果你不擅長和自己相處，你如何能對別人有用

1　譯注：英語「tickle」一詞視情況可作搔癢、呵癢、發癢、逗笑等解釋。

處？如果你不知道如何才能搔自己的癢，又如何能搔別人的癢？

還有，你要如何學會搔自己的癢？冥想大師告訴你，你只需學會**關注正發生在你身上的事**。當發癢的感覺出現，你要集中注意力去掌握它並設法長久地維持下來，你不應沉迷在經驗裡，而要從中**發現自我**。去做那些會帶給你喜悅的事情，你就能藉此發現自我的光輝。那麼，當你專心致志，喜悅的經驗會是什麼樣的感覺？——它會讓你發癢。

我突然明白，我花了大半輩子寫的東西顯然沒有讓我發癢，而且一路上被玩笑式地掩蓋住了那種感覺。我以為我盡本分理解世間事，並告訴自己這些事很重要，藉以合理化我的行為，但這麼做並沒有幫助我過上想要的生活，以及專注於對我有深刻意義的事。相反的，它將我帶離了生活，進入自我意識，也將我帶離了現在。

在憤憤不平的批判態度下，我不是在寫實際的情況，而是我認為應該怎樣的情況。我必須說，這正好與搔自己的癢相反：當你把所有力氣用在抗拒現實（主張別人應該有不同的作為），你等於是將不和引進了你的生活。我故意使自己陷入憤怒，而不去寫那些真正對我來說重要的事，我當時到底在想什麼？

我並非不清楚自己喜歡什麼，但我突然發覺，我整個職涯都在寫那些我所不喜歡的東西。更重要的是，我花費了大半輩子——不光寫作生涯——在走低端路線，不斷地批判他人想法愚蠢，因為這麼做很容易。我突然明白，我真正需要的，是去做那些始終等待著我的工作，潛心研究，實實在在討論我人生中真正有意義的事，我得去談論對我來說重要的事。

讓我們回到上述提到的兩種人：第一種是那些自在接受生命中不確定性的人，他們心胸開放，對愛開放，對一切開放。第二種人由擔心害怕及尋求控制的人構成。近五十年來我一直告訴自己，我是個能夠應付種種不確定性的人，我特立獨行，欣然接受所有的可能性且不顧風險，後來我瞬間明白，我根本就不是那樣的人。

其實，在我生活和工作中的這種不適感已累積多年，直到瀕臨崩潰才開始意識到，時間約在二〇一八或二〇一九年，這要感謝我妻子喬伊。然而，直到新冠疫情制止了生活中所有讓人分心的事，最後一塊拼圖才就定位，我一下子豁然開朗，就像哈利波特施咒般奇妙。當某個矛盾消除，一切變得如此明朗，曾經令人困惑的每件事都顯露了真相，這正是發生在我身上的事。突然間，我這輩子第一次看清自己，明白到我根本對於「我是誰」有著錯誤的理解，那個矛盾不是我想在書中寫的東西，那個矛盾——就是我。

人的想法有兩種類型。一種是我們在心思中建構自我、身分與智能，這個想法是完全**主觀**的；而另一種是從**我們的存在深處**自動出現的想法，這些想法不是概念或思考的產物，而在瞬間產生，相對缺乏主觀性。如果你將人生耗費在第一類想法，你所做的事就是相信那個帶有偏見的單一觀點，也就是你自己的觀點。然而，當你獲得第二類想法，你就能運用一個更加重要的東西，那就是真相本身。

近來我看了一段YouTube影片，影片中，身心靈大師艾克哈特・托勒[2]描述思考是一種「癮」。他說得沒錯，我們思考成癮，因為我們喜歡做對的感覺；但對與錯永遠是相對的，我們應該更專注於那些我們知曉的事。

你想不想知道，如何才能確定你真正的知曉某事？

那些事會使你發癢。

2　譯注：艾克哈特・托勒（Eckhart Tolle）出生於德國，被《紐約時報》盛讚為「美國最受歡迎的心靈作家」，二〇一一年被沃特金斯評論列為「世界上最有影響力的心靈導師」。

第一部分

大覺醒

他對於他是誰、他在哪裡

或者我們是誰，

一無所知。❶

——榮恩．衛斯理（Ron Weasley），

《哈利波特：消失的密室》

（*Harry Potter and the Chamber of Secrets*）

第一章　活在當下

如果你找到他，問問他消失的原因。

——《懸疑》（*Suspense*）無線電廣播節目，一九五二年五月十二日

在疫情隔離封鎖了一切、無事可做的平靜期，全世界的控制狂不免心慌意亂，我知道的，因為我也是個控制狂。四、五月期間，我在位於紐約赫爾利（Hurley）的家中開始躁動不安，對著喬伊喋喋不休，告訴她我得開始寫我的書了。當時我正苦於失去對事情的掌控，我誤以為問題出在自身之外——消息來得太快，《精準悖論》一書的提案太快被批准，還有別人造成的混淆讓我不知所措。我是那樣想，也是那樣說的，我一次又一次試著讓自己相信我可以釐清別人造成的這些錯亂，這麼一來，我便能完成這本書。

但事情發展不如預期。

實際狀況是，隨著每天的分心程度幾乎降低到零，我的大腦突然越過了我的心來控制我！心是自我意識的棲所，負責告訴你對錯。心是經歷的集合體，也是我大部分作品的出處。

另一方面，大腦是讓你跟宇宙（或稱之為「意識之洋」）產生連結的東西，所有的好點子都來自那裡。當你的心凌駕你的腦，你便失去與意識之洋的連結，頂多只能想出你所能想出來最好的點子。然而，如果你與意識之洋保持連結，就什麼都能夠想得出來。如果你不相信我說的，儘管去問大衛．林區[3]，他的作品證明了他能直通意識之洋。

意識＝宇宙＝無限的可能

只要你能加以利用，任何事都可能發生。

因此當事情平靜下來，而我也不急著趕往任何地方，我發現自己稍稍能更深入地安於**現在**。這是極難獲得的東西，不是嗎？因為「現在」是我們目前所擁有的一切。我耗費了大半輩子在逃避現在，緊抓著過去不放，或拼命期盼著某個特定的未來，此時此刻才是我們的目標。這件事我們至少在一九七一年就知道了，就在我出生的那年，拉姆．達斯[4]將這件事告訴了全世界。我雖有一部分人生在此時此刻度過，卻不曾在那裡停留。為什麼？因為那裡存在著最棘手的問題：

你為何這麼做？

你為何如此憤怒？

你為什麼做你正在做的事？

你的目的是什麼？

我想知道這些問題的答案嗎？我以為我知道。我的意思是，我明白這些問題，可是我不知道如何回答，因為我不知如何才能在此時——此刻停留得夠久，久到足以回答這些問題。我曾試過冥想嗎？（進行冥想的人無非都是想要融入此時此刻。）當然，只是成效往往有限。事實上，是沒有任何效果！然而，我當時並不明白。近十年來，我一直在修習哈達瑜伽，這種瑜伽也稱作動態冥想，瑜伽使你融入自身，但我不曾完全融入其中，同樣的，當時我也不明白為什麼。

多虧了疫情造成的隔離，我才達到那樣的境界。為什麼？因為我以為的決心，只不過是一種頑固罷了，而改變**真的**很難。回想二〇一二年，我需要戒酒，因為我已經變得嗜酒如命，無法自己處

3　譯注：大衛・林區（David Lynch）為美國導演、製片人及作曲家。

4　譯注：拉姆・達斯（Ram Daas）是美國心靈導師、現代瑜伽大師、心理學家暨作家。他在七〇年代啟發美國人對東方身心靈哲學與瑜伽的興趣。

理問題。有鑑於我的酒癮，我的第一任妻子威脅要打官司來爭取對女兒的監護權，所以我才開始戒酒。因此，可以說解決之道是由外而生。疫情也是如此，那正是自以為無所不知的人所受的詛咒，如果你被隔絕了——與意識之洋失去連結——你便無法產生新點子，只能不停嘗試所有的舊點子，而這些舊點子一開始就會使你寸步難行。

你或許聽過這句話：「瘋狂的通俗定義，是一再做相同的事，卻期盼會有不同的結果。」還有一句話是這麼說的：所謂瘋狂，是**處於一種極度分心的狀態**。讓我們來打破這個迴圈吧！如果你極度分心，你將無法與意識之洋保持連結，所以，瘋狂其實就是與宇宙失去了連結。

何謂宇宙？你便是宇宙。具體來說，那就是你的**大我**——**你的自我**。當我們的小我——我們的自我意識——與大我（亦即整個宇宙）失去了連結，我們會因此陷入瘋狂。這便是我們會做出蠢事的原因，因為一旦你與意識之洋失去連結，你就只剩下你的意識（換言之，你的**小我**）所能產生的點子。而如果那就是你所僅有的一切，最終你只能一再嘗試這些點子。

另一方面，如果你消除所有讓你分心的因素——例如，趁著隔離之便——你說不定能重新和宇宙接上線，並且有望開始看清事物的真貌。你說不定能看出**此時此刻**真正在發生的事。這樣一來你就不會做出瘋狂的事，好比說，寫出一本不是你真正想寫的書。

如果你是宇宙，那麼你便是上帝，我視之為所有漏洞的漏洞。你說你被生活擊倒？想想看，別忘了你是上帝，所以一切會再度好轉。換個想法來看，一旦你落入世俗憂患的羅網，你顯然是因主觀的想法而陷於癱瘓，因為你只能從自己的觀點看事情。你應該反其道而行，不要聚焦在你**以為**對的事情上，而是去關注那些你**知道**自己身處其中的事物，那是宇宙，那是上帝。前者一向有爭議，後者的爭議沒那麼大。

這或許是把事情說清楚的好時機：我不認為自己比你更開竅，我只是說，我變得更加認識自己。我的意思是，隔離的平靜使我得以安於此時此刻，相當清楚地看到自己一生中做過的錯事。新冠疫情封鎖住我，接著喚醒了我，在平靜的隔離期間，我想起如何再度搔自己的癢。

再者，當我談到自我的重要性，我不是在提倡利己主義，而是與之相反的東西。如果你相信上帝存在於每個人的心中——我是這麼相信的——便暗示著大家心心相連。我們是一體的，唯一分隔彼此的東西就是刻意忽視我們的本性。代表我個人選擇的某些主張，也不應該與某種反社會的自由意志論混為一談；我相信集體，但我也能清楚地看見除了說故事之外，沒有所謂的集體行動。只有一件事是任何人始終都能做的，那便是決定我們現在要做些什麼，這是你我唯一可得的選項。將它們加總起來，有時看似我們一起做了某事，但這些行動彼此並無關連——被連結起來的是**我們**，而非我們所做的選擇。

最後，我確實是個生活過得相當舒適的白種男性，此事無可否認，但如果有人覺得有必要指控我所享有的特權，我會回答他，對我而言唯一有意義的方式，是指出我們只能從自己特有的觀點發言。我寫這本書的目的是說出關於我自己的真實情況，以及我所相信的事情，如果你對我的觀點不感興趣，那麼錯的是你，因為那正是我所擁有的一切。

如果你真的想抨擊我，我能理解，我對於想要批評別人的本能知之甚詳。我大部分的職業生涯都用來指出別人做錯的事，但這根本是在浪費時間。我不是說我錯怪了那些我認為不對的事，而是這麼做並無持久的價值。想像一下，你買了某樣東西，而說明書只告訴你**如何不使用它**。我的寫作雖說有可取之處，但最終構成了一大本《如何不把事情做好》的指南——請別將這句話放進我的墓誌銘。

假使你還沒有猜出來，好吧，我可以告訴你，上述並非我對本書的計畫。這一次，我打算把事情給做對，就像我的鄰居史基普（Skip）最近向我描述的那樣。史基普是位藝術家、汽車收藏家和福音派基督教徒，但是他所傳達的訊息無關乎基督教本身，而是關於仁慈。「當你跟某人說話時，」他說，「中間立場是不存在的。你要嘛振奮他們，要嘛痛擊他們，你總該試著讓人感覺你彷彿鼓舞了他們。」（史基普讓我想起我那已故的父親。如同我父親以往的作風，史基普猶如順便提起似的發送著聖人的智慧。「如果你找到快樂，」史基普告訴我、喬伊和M，「得當成一罈金子般好好的守護。因為一旦失去，你便難以再度尋獲。所以要像寶貝一樣好好守護它。」）我們家牆上掛著史基普繪製的阿肖肯水庫（Ashokan Reservoir）這幅美麗的畫作，這些畫使我們感到快樂。史基普是個信守承諾的人。

我寫這本書，主要是為了我自己，也是為了M。她並非真的需要我幫她搞清楚事情，不過由於我是她父親，所以我打算假裝她需要我的幫助，因為我愛她。❶我也為妻子喬伊寫下這本書，因為她拯救了我。我也為所愛的每個人寫下這本書，我很後來才意識到……我是為了每個人而寫。所以這本書是為了我自己、為了M、為了喬伊，還有為了每個人而寫。

在接下來的篇章中，我將主張**除了此時此刻正在發生的事**，**我們無法確認任何事**。過去不復存在，即便我們以為我們記得過去，但我們無法確認：記憶如我們所知，可能是有問題的。那麼未來呢？這麼說吧，它根本從來不曾存在過。你我所想到的所謂「未來」，只不過是一種猜想，是對可能實現或不會實現的事物的概念。我們如何能確認某個猜想？如果你聲稱知曉未來，那麼你就是犯下了傲慢罪。不過，我打算修改一下最初的主張：你所能知道唯一趨近於真實的事——你**確切**知道的**唯一一件事**——那就是，你是存在的。緊接著，才是**此時此刻**發生在你身上的事。

我一生中寫過不少東西，但鮮少寫到當下發生在我身上的事，而這便是本書的內容，第一次以長篇幅描寫我現在的遭遇。結果，我感到完全清醒——在我人生中首度**覺察到自我**。不僅如此，我也了解到我此後應該這麼做，專注於拓展自己的意識。我明白這事有點不證自明：有誰會希望自己的意識狹隘？但我談的是優先順序。因此，拓展我的覺知，是第一要務。

你知道當你真的開始投入關注時，會發生什麼？你會開始注意到**每件事**。二〇二〇年九月，我讀到亨利·詹姆士（Henry James）寫於一八九六年的短篇故事《地毯上的圖案》（*The Figure in the Carpet*）。故事中的主角告訴某位小說家，他不相信小說家在他一生的作品中隱藏了某個奇怪且深刻的訊息。小說家則嘲弄地反駁：「那只是因為你從未瞥見它，」如果你曾瞥見過，我們討論的要旨很快便會**成為你實際上所見到的一切**。」

詹姆士在此所表達的意思很清楚。表面上他指的是虛構的小說作品內容，但他真正要傳達的是更深層的意義，他在談當你瞥見全局時所發生的事，這時你會明白你是和宇宙同在的人，此後便沒有回頭路——我們討論的要旨是，成為你實際上所見到的一切。

如同大多數的人，我的一生都在找尋這個答案，有時有意為之，有時無意為之，但直到新冠疫情從**外部**帶來改變，我終於得以保持孤立，並進行**由內而生**的必要改變。我認為我不是唯一的例子，進一步地說，某種**大覺醒**降臨在我們的身上。我們為什麼做著正在做的蠢事？原因之一是，這就是我們一直以來做事的方式。另一個原因是，我們因為過度分心，而無法採取別的方式。

你家裡的門把是否曾經鬆脫過？為什麼要過了許久之後，你才開始認清問題，最終加以修理？因為我們總有別的事要做。因為時鐘正在滴答作響，我們有某個地方要去。當我們以線性的方式過日子——心懷某個方向和目標——由於可覺察的缺乏時間，許多正等待著發生的改變就會被忽略。

但倘若你無處可去呢？倘若你哪兒也去不了？在疫情發生前，這類問題對我們多數人而言看似很荒謬，因為每個人終究會有地方可去，不是嗎？也就是說，除非你被隔離了。這麼一來，你就成為你要去的地方，你是你需要到達的地方。當你的日程全部被取消，時間於你便沒了用處。當然，你也用不著線性的時間。一旦你趨近於當下——意思是，你的日程完全保留給**現在**——時間就變成

循環往復。雖然季節依舊，但一天又一天的日子開放成無限綿長。你今天打算做什麼事？嗯，你今天**想要做**什麼事？

我並不是說當新冠疫情突然爆發，把大家嚇得待在家裡時，沒有人有非做不可的事。我的意思是，幾乎所有的人，一旦被隔離起來，需要做的事會變得比以前更少，這種態勢至少持續幾個月的時間。在這個空檔，我想清了一些事，做了一連串決定。我開始做某些事，並且不再做其他某些事。我的專注力猛然提升了，我的人際關係變得更緊密——情況相當顯著；至於那些沒有深化的關係，終於暴露出問題所在，並且得到了諒解。至少對我來說，在此時此刻狀態下的被迫拘禁，反而促成了覺知和意識。喬伊已經將發癢帶回我的生活中，但隔離讓我得以注意到這些癢處。

我知道我並不特別，我認識的每個人幾乎都有類似情況，於是在我所見之處，每個人都開始用不同的方式做某件事——通常是許多事。上一次發生這種情況是什麼時候？前所未見？的確如此，我知道。對於那些甚至沒有應付過死亡的許多人來說，這是個艱難的轉變。但我認為，這只是因為他們一直專注於新冠疫情帶來的挑戰，而非其他美好的部分，他們只在意發生在他們身上的事，而忽略了他們使之發生的事。

無論如何，本書講述了真實的故事，描述一個男人如何踏上不停歇的自我發現之旅。這趟旅程很久前便已展開，但我並沒走得很遠。由於隔離剝除了選擇，使得我眼界大開，看見了無限的可能。如果前一句話聽起來好像有點怪怪的，請你試著比較這句話：唯有當我再也無法隨心所欲，我才有辦法做任何想做的事。我決定要做的事之一便是寫下這本書，而不是我之前已經動筆的那本書。

這件事使我發癢。把事情弄清楚總是讓人感覺愉快，不是嗎？你甚至可以說，能夠即時深入了解某件事，會讓人感到快樂，那便是讓你全心投入某件事情的原因——因為全心投入促成了深刻的理解，此事令人快樂。或許這無法帶給你驚喜，但我確實得到了驚喜：當你全力投入的事是設法弄清楚自己——事情很快便會帶來滿滿的快樂。

在新冠疫情數據的海嘯沖擊我們所有人時，我以本然的面貌看待它：這是我們世界所見識過最狂暴的計數活動，更是一種自相矛盾的事物的完美顯現。但那時發生了一件事，我開始利用找到的時間和隔離所促成的專注力，來增進我對幾項喜愛的事物（讓我發癢的東西）的關注。你無法計算那些讓你發癢的東西——任何一部分都不行。那些東西都難以形容，而且你也無法計算愛。如果要談論我們對於自己生活的喜愛，沒有任何數字能勝任這項工作。

換個方式說：如果你在談論數字，你肯定不是正在體驗自我的美好。在制約之下，我們總是相信精準度的提升是邁往真相的一大步，但那錯得離譜！我剎時明白，一本追尋真相的書根本不該含有任何數字，倘若我按原先計畫寫成這本書，結果只會強化精準悖論，而非解決精準悖論。

簡短說些題外話：的確，我知道如果不去處理每天撲面而來的數字，幾乎不可能安度現代生活。就這方面來說，數學能力派得上用場。然而，只因我們必須處理數字，並不代表我們得信任數字。我們不該將數字視為富有意義的東西，而需要學會看清它的本質——空洞無物。

近來，在看待數字時，我會立即退一步思索，我是否有必要在乎它們，那怕只有一點點。我多半不以為意，不太受到數字的影響，但想時時做到對數字無感，必須憑藉著持續的專注力。冥想是一種一舉兩得的行為——你可以利用冥想來發現自己，也可以藉此拋棄你所不需要的東西，例如，在對我不再有影響力的事物清單中，排名極高的數字。

我決定不再寫有關數字的事，而去寫我何以突然覺得，我自認為的「自己」，並不同於自身經驗的總和。如同大多數人，我花費了太多時間執迷於我曾擁有的某個特定經驗或期待，但說到底，我們就只是現在的自己。如果我們能擺脫所有的包袱——對已經發生或可能發生的事物的認同——最終獲得的，就會是一切事物的種子：意識和意圖。你將知道你是存在的，並且在當下覺知這件事。所以，你打算怎麼做？

在人生的每一刻，我們每個人都面對做出抉擇——做某件事——的機會。當我們做出抉擇，我們便是在創造自我的現實。如果不做出抉擇，我們會成為自身生活的觀察者，好比生存遊戲裡消極的玩家。你是你曾做過每一個抉擇的總和，也因此造就了你現在的處境，但是你並非抉擇本身，你只不過是抉擇的結果。而且，只要你還在玩遊戲，就得繼續抉擇。

當我們聽到人家說「萬物皆有關連」，大多數人往往想到線性的時間。我們告訴自己，彷彿所有的人生故事都是相繼發生的——這一件事發生之後，那一件事接著發生。然而，連續的時間軸只透露出最基本的關連，事實上，萬物產生的關鍵是跨越時空的，它突然發生、並朝著每個方向發展——從中心到周邊，從部分到整體。要測量某個線段很容易，但是你無法測量「關連」。「關連性」不是某個數字，也不是**數據資料**，它是突然其來的一切。如果你談論的是**現在**，那麼，精準沒有用處。

第二章　啟蒙沒有方程式

不管怎樣說，哪裡會有不需要冒一點險的樂子？

——弗雷．衛斯理（Fred Weasley），《哈利波特：火盃的考驗》

所以，當我想清楚我不想再寫以前所寫的那種書，我馬上明白這會是個問題：「假如我不去指責別人，我能指責誰？」我不免納悶。因為如果別人都出局了，就會只剩下我自己，而我並不想寫一本從頭到尾都在談論自己缺點的書，更別提讀者會想看這樣的書。

因此我採取了折衷方案。為了保護無辜者，我打算以某一個非特定人物的故事作為開場，這麼一來，我可以談你、我，以及沒有指名道姓的其他人。這個故事在說明，我認為我們處在這個困境中的下場，然後探討我們應該怎麼做，以便因應這個局面。

＊＊＊

這是關於一群人如何迷失的故事。這是個意外，但不是他們的錯。總之他們迷失了。這也是關於一個人如何迷失，然後幾乎發現了自己卻又再度迷失，然後又一次驚喜地發現了自己的故事。然而，這也是個講述希望的故事，因為那傢伙終於踏上了自我發現的漫長旅程，或許那群人也能做到。

那群人是指全人類，而那傢伙是我。我也意外地迷失過自我，但我最終回到正軌，成功回到**此時此刻**。多虧有許多人給我幫助，我才能找到回家的路，但我真的辦到了！所以我希望我的故事或許能幫助那些正在自我旅程上的人。這個故事講述我如何明白運用我真正的眼睛向內看，並且洞察內心。

聽起來好像我打算同時講兩個故事，但我沒打算這樣做。為了說出我們的故事，我得先說說我的故事，其實它們是同一個故事，因為我們每個人相互關連。

大多數作家誤以為他們需要寫點關於別人的事，因為擔心自己的真實寫照可能填滿不了一整本書——這麼想是不對的，因為真實無處不在。請你想想以下事實：你的所思所見、感覺和嗅聞到的一切——你所覺察到的一切——實際上都是由你的大腦產生的，大腦將你全部的感覺和資訊混合在一起，並反映在一個稱作常識的地方。因此，你所「體驗」到的一切，某種程度上是在你心裡創造出來的東西，你等於創造了整個宇宙，而這個宇宙包含了相當有趣的故事。這些故事任你取用，因為你創造了它們。

現代社會中，我們有時聽到人們談到如何建立人際關係的界限，特別是在跟某人鬧翻時。但這把一切弄反了，宇宙包含了萬物，不是嗎？因此當你生我的氣，並不是你在對我生氣，彷彿我們是兩個分開的個體，而是對我生氣的你，你我是一體的。換言之，我們彼此相連，所以，你是你所見的每處和一切。❶

我們再回到那群人身上，談談他們是如何迷失的。原因是傲慢，因為他們不讓宇宙（也稱作愛、真相、自然）為他們指出明路，而決定自己打造途徑。這麼一來，他們便遠離了自然和生活，遠離彼此，甚至遠離自己。當然，諷刺的是，他們也曾找尋正確的途徑，只是最後卻走錯了路。

在找不到「正確」途徑時，他們自創途徑，一個看似有希望的錯誤途徑。而等到他們明白過來為時已晚，他們已經在錯誤的路上走得太遠。他們走在什麼樣的錯誤道路？這條路又通往何處？這是條穿越時間、進入未來的路。我知道這聽起來有點傻，但請容我說完，我保證你會值回票價。

我們之所以知道那是一條人為的途徑，是因為宇宙並不處理未來和過去，宇宙只處理現在，就像那句正確的話：「唯有現在存在，此外別無它物。」但大部分的人（姑且稱之為西方社會）認為他們懂得更多，他們將未來視為處於現在範圍的邊緣，「只要再朝前移動一下就行了。只要多給我們一點點時間，我們就能抵達那處。」

以往西方社會認為在此時此刻我們所能做的最好的事，就是開始思考未來。西方社會錯了。為什麼人們想離開現在前往未來？畢竟，他們擁有彼此，他們也擁有自然。他們有食物、有酒，有舞蹈和藝術，他們甚至擁有能用來說給自己聽的故事，因為他們在歷史進程中想出了交談的方法。所有這些東西都是語言，讓他們得以彼此溝通。他們在急什麼呢？

因為儘管擁有了這一切，他們從不知道接下來會發生什麼事。不僅如此，實際發生的事往往證明是艱苦難熬的——暴風、戰爭、饑荒——所以他們認為倒不如趕快離開現在，開始前往未來。他們稱這個方向為**進步**，於是打包好東西，開始出發上路。他們告訴自己，到了未來，他們終將能對自己的生活發揮一些控制力。他們稱這個目的地為**成功**。

總的來說：不確定性會導致恐懼，從而讓人想要得到更多控制。為了謀求控制，他們決定離開現在，踏上進步的道路，前往未來，去到一個稱作成功的地方，在那裡每個人都能成功。（沒錯，未來充滿了成功。）這就是如他們所說的美國夢。

「控制」，是重點所在。問題在於，「現在」不會靜止不變，它會不停地移動，而每當一產生變動，就會有別的事情發生。另一方面，「未來」則完全不動，它就在那裡，幾乎像不曾存在似的。原因很簡單：因為**未來確實不存在**。未來是一種假象。

控制不存在的事物是件容易的事，這個事實使得人們被愚弄了。如果你說出「明天會比今天好」這類的話，有誰能真正弄明白？明天尚未發生，所以你鐵定錯不了。今天太過滑溜而難以控制，但明天簡直是乖乖伸出雙手就擒，因此你不必費力就能銬住它，明天會聽命行事。

可惜，我們被困在此時此刻，它總是難以預料，偶爾還很狂暴，那正是為何通往未來的路看似一條明顯該走的路：因為看樣子沒人知道接下來會發生什麼事，因而很難做好準備，更別提結果可能有些嚇人。因此我們很難輕鬆地處於現在，就那麼單純地待著，欣賞花朵、河流、海洋，還有飛鳥、落日以及彩虹和果實等事物。

這群人如何在這條路上記錄歷史的進展？當然，他們進行測量，這便是數字在故事裡登場的地方。數字的主要問題是它們如同未來，只存在於想像之中。數量存在於自然之中，數字卻不是。這是什麼意思？我的意思是，當你看見眼前的三顆蘋果，沒錯，這些蘋果真實存在，但數字3並不存在？

人類發明數字以便能記錄事物。有時情況變壞，數字也會不好看，然而當數字好看時，他們稱之為「進步」，代表他們還走在對的路上，依舊朝著正確的方向進入未來。人們對於今天是否感覺良好，這事並不重要，只要今天的數字比昨天好，那麼今天就比昨天好，明天大概也會變得更好，因為人人都知道，數字不會說謊。

你知道情況有多糟糕嗎？二〇二〇年十二月，有人寫出標題諸如「COVID-19疫情摧毀時間」的報導❷，彷彿這是件壞事。報導中引述了某位研究「創傷與時間感知」的科學家的話，她主張未來感是我們的核心能力，促使我們在早上起床並自信地展開一天的生活。但真的是這樣嗎？或者，未來感是使我們脫離今天的東西？另一名科學家——這人研究「不確定性和幸福感」——告訴我們，研究人員開始了解「涉及驚奇、恐懼或壓力等感覺的迴路」，如何與「掌管時間流逝感的大腦腦區」產生交互作用。

我不想在書中引戰，但這是我們社會的病症源頭。俗話說：一切都顛倒了。大腦裡並沒有時鐘，我們不需要未來就能起床。這篇文章的作者提到「瓦解的時間狀態」，這句話是對的，但她將之視為壞事，其實我認為這是件幸事！檢疫隔離挑戰了關於存在的核心假象，亦即我們需要一個清楚的未來觀，才能好好安住於現在，可是其實我們並不需要。當然，專家不會告訴你這個事實。相反的，他們忙著向我們保證，一旦他們完成最後的計算，差不多就可以弄清假象。但是，我們為何相信他們能預測未來？他們顯然連現在也無法預測啊！

「正向改變」是我們用來替換「進步」的另一個用語。正向改變理應是好的，但情況並非如此。等等，我收回這句話。如果事情真的變好，那顯然是件好事。我想到的是「事情是原本的樣子」，因此改變可能也是一種假象。無論如何，記錄改變肯定是不好的事，因為它誘使你離開現在，退卻到你的心智之中，去思考關於過去或未來的事。未來是用來打發時間的好地方，因此人們發展出一種專門設計用於未來的語言，並稱之為「數學」。（數學也用於過去，但不盡然用於現在，因為數學需要運用想像力，而想像力不是真實的東西，因此不存在於現在。）

我無意使情況變得複雜，相反的，我試著指出非常重要的一點：數學是一種改變的語言——**如**

果這樣，就會那樣。人們明白他們可以利用數學使數字脫離現在（這樣算起來是多少？），並將數字置於未來，這麼一來，便可以談論那些今天未曾擁有、而明天多半也不會有的東西。數學讓他們可以規劃事物，甚至將事情貯存於未來（等到三十歲我們就會變得有錢！）這表示他們不必擔心現在無法擁有的東西，好東西就在前面等著他們，就在那個時間的角落。快樂只在幾個明天之外。

由於數字似乎在未來遊刃有餘，所以人們認為數字比文字更適合幫助他們想清楚該選擇哪一條路。理由之一是：因為數字更加**精準**，彷彿人人都同意精準就是目的。其實不然，精準只不過是個可怕的陷阱，這個陷阱強大到能誘使全人類以為它握有生命的答案，但它並沒有。

如果你要訴說人類的故事，或許最合適的數字莫過於零和無限。喔，我只是開個玩笑！零和無限都不是數字！零是闕如、獨一、讓變化的過程得以開始的狀態，是從而發生變化的所在。無限也不是個數字，它是一**種概念**。認真加以思考，你就會明白現在的全貌。現在是無限的可能性，現在是一切，全都合而為一。好吧，或許「一」是個重要數字，但僅只於此，它終究只是個數字。

除此之外，數字有些無用。我們不像自己所以為的那樣需要數字，至少在找尋真正重要問題的答案時。數字用來理解事物本質的成效極差，確切的說，根本派不上用場。那麼，我們為何不停地嘗試？因為這麼做比較容易，這正是為什麼數字顯然有其侷限，但多數人卻認為數字是用來理解個人和集體真實的最佳工具。

你多大年紀？
有多少數量？
你想要多少個？
你有多少錢？
你將來會有多少錢？
你燃燒掉多少卡路里？
那張自拍照得到多少個讚？
我用了幾次「多少」來提問？……

這張清單會列得多長？

當答案只是個數字時，會比較容易找尋，而且更容易記住，即便它不具備任何意義。由於容易和簡單，數字因此戰勝了文字，還將文字變成它們的奴隸。想想看：文字常被用來描述那些我們以為有趣的數字，例如，大多數有關新冠病毒的新聞報導，只不過是用文字包裹的數字罷了。

在將文字的價值貶低為一種包裝後，我們讓自己失去了溝通的能力，這正是為什麼人們總是感覺在對彼此說話，而不是跟彼此對話。我們放棄了文字的重要力量和承諾——為了讓溝通變得容易以便達成和諧——並選擇利用文字作為行銷量化欲望的工具。

在明白數字的力量時，人們決定試著利用數字來打造有史以來最好的途徑。有些人甚至提議應該設法活在未來，一旦這麼做，就不必專注於現在的困難了。如果你活在明天，你不必待在此時此刻；如果你活在明天，現在就是昨天，你已經往前走了。這是個快速前進的把戲，這麼一來，現在就變成了過去，至少表面上是一切事物永遠被鎖住的地方。

大多數人認為那是個好計畫，部分因為它也維持住了今天的美好希望。某種程度上，每個人都是這麼做的：我們憂慮未來，擔心這件事或那件事。但如果我們脫離現在而進入未來，我們可以就停止憂慮未來，這樣誰會不感興趣呢？

當然，他們後來會發現搞錯了那件令人憂慮的事。未來的問題在於，等到你到達未來，它便不再是未來，它是現在，而且那個舊未來已經被你必須開始重新憂慮的新未來給取代。你無法取消明天，明天永遠在前方等著你，穿著不確定性的外衣。更糟的是，未來首先是製造出所有憂慮的事物，它像一座憂慮工廠，終日滿載地運作著，從不斷貨。

擔心未來的人們認為，最好的辦法是跟隨著數字穿越時間叢林。想想以下標題：「我們何時可以開始制定計畫？我們詢問了佛奇博士[5]和其他專家，什麼時候人們才會感覺生活回歸正常。」看樣子，數學家無疑知道他們該往何處去，因為他們運用測量、確定性和精準性的劍和鐮刀，切開了

5 譯注：佛奇博士（Dr. Anthony S. Fauci）為美國免疫學家，現任白宮冠狀病毒工作組成員暨總統度醫療顧問。

現在的濃密矮樹叢。

某種程度上，一些講求實際的數學家（他們自稱科學家）開始做實驗，運用數字做記錄，企圖想出解決辦法。大自然痛擊了每一個人，所以他們想扭轉局勢，最終憑藉科學降服自然。化學讓他們得以操縱物質；物理學讓他們知道物質如何在空間和時間中移動，後來又發現空間和時間是同一個事物。科學領域的清單似乎沒完沒了：工業、醫藥，以及某種新的溝通方式讓人甚至不必待在同個房間，也能跟別人說話。他們想出如何異花受粉。舉例來說，結合化學和物理知識，帶給我們槍砲和炸彈。炸彈當然不是用來對付大自然，而是要讓其他人屈服，但那是別本書裡的故事。

科學使生活變得容易一些，或者看似如此，因為這樣一來，現在似乎變得稍稍比較容易忍受一點。我說似乎，是因為科學也只能做到這麼多，畢竟科學工具只能嘉惠數量有限的事物。保健事業似乎也受益於科學工具，儘管情況是否如此仍有待商榷：我們確實能製造出更好的東西，並利用運輸和通訊設施做出瘋狂的事，但科學未並真正造福我們的心理健康，除了發明出麻痹大腦的藥丸。即便科學似乎提供了更多的保護，使我們免於自然力量的傷害，但面對颱風、洪水和乾旱等天災突襲，我們仍然脆弱不堪。更別提病毒了，最近我們談到太多關於病毒的事。

等一下，我知道科學為我們做出了什麼貢獻。科學使我們活得更舒適。但舒適是一把雙面刃，如果太過舒適，你會忘記如何行動。如果你忘記如何行動，便無法做抉擇，然後就無法為未來做準備。這也是會出現以下標題的原因：「散個步真的沒有關係嗎？」

或許不是這樣！這是稱作「統計學家」的亞專家進入故事的地方。他們開始利用他們的工具——平均數、機率和外推法——在地平線那頭的時間邊緣，將不確定性切出了一道口子。他們聲稱能預測未來——他們認為可以告訴我們未來可能發生什麼事。

此事花了點時間，但科學終究成為一種正式的宗教，科學家也成為了新的神職人員。每當出現問題需要解答，人們會把問題交給科學家處理。科學家意見一致地說上帝已死，還有，上帝事實上是個數字，是某種你可以在實驗中找到的東西。

現在讓人害怕，因為任何事都可能發生，但如果有人在現在和未來之間畫了一條直線，那麼，現在就不讓人害怕了。如此一來，你只是循線前往你需要到達的地方，不用做出「我該怎麼辦」的抉擇。科學是專門為那些想知道會發生什麼事的人（而不是想判斷可能發生什麼事的人）而存在。人們為何想知道將來會發生什麼事？因為如果你知道了將來會發生什麼事，你就不再需要做抉擇，你可以在一旁休息，享受這趟旅行。但如果任何事都可能發生，你就得背負著更多責任，你得決定你要做什麼事。

到了某個時候，那些邁向進步之路的人決定為自己命名為「進步份子」，也聲稱科學能解決人類一切問題。但是科學能嗎？最終，有人問出最棘手的問題：「我們為何走在這條路上？」這其實是個道德問題，而道德問題可能難以回答。事實上，就因為道德問題是如此難以回答，因此科學家試著給出一個令人信服的理由，說他們的工作超越了道德的界限，全是為了大家的利益而進行研究。然而科學家錯了，因為選擇哪一條路的問題永遠是道德問題，一向如此。

人人都知道，要開始踏上某條路總是容易的，但即便是最明確的道路，也終究會變得朦朧不明。過去會消失，現在是一團迷霧，而未來無處可尋。不久，似乎再也沒人知道他們要往哪去。他們是否迷路了？誰知道？科學家（和經濟學家、管理者、顧問及民調專家）從前方傳送回來的所有數字，似乎指向太深入的過去或未來，因此沒人看得清他們現在位於何處。

大家處於普遍的歇斯底里狀態，人人開始快速奔離這條路，去到另一條他們沒有能力瞧一瞧的道路，結果看清每條路都通往他們已經在的地方，也就是現在。他們過於分心，因此沒有注意到這個矛盾——他們已經瘋了。

他們有多瘋狂？他們瘋到以為能利用數字找到真確的道路，瘋狂到以為這麼做是確切無疑的。這麼做的問題在於：知識來自於不確定性，如果你無所不知，那就沒有什麼需要知道的事了，而當你停止尋求新知，你實際上已經出局，不久你將完全喪失動腦的能力。

倘若大家都知道如何條理清楚地說話，文字會是一項有力工具，可是此刻再也沒有人知道如何運用文字。命運已經用「不確定性」這個疾病感染了語言，再也沒有人知道如何說話，除了會說「你錯了！我是對的。我很肯定我是對的！」

即使在一團迷霧中，科學教會（Church of Science）繼續堅稱他們的儀式是唯一可行的：「如果我們想找到回歸正常的路，我們需要量化事物的工具。我們需要得到數據並加以分析。讓我們先算出在這條錯誤的道路上走了多遠，我敢說，只要計算出我們的步數，必能找到回去的路。」

這就是問題的所在：任何事都沒有回頭路。現在就是現有的一切。世上所有的數據和分析都無法幫助我們弄清楚我們出了什麼差錯，因為，問題不存在於眼前，而是在我們自己身上。我們害怕一切，我們對控制上了癮。我們忘記如何脆弱，忘記如何玩耍，忘記了現在。

* * *

方程式對我而言沒有用處，除非它表達出上帝的思維。

——斯里尼瓦瑟．拉馬努金[6]

聽著，我知道數字、數學和最終科學的發明為人類創造了許多奇蹟，讓人們得以操縱物質、進行預測，以及舉辦足球聯賽，但數字也讓我們誤入歧途，使我們過度深入前往未來的路，也使得人類一直無法找到回到現在的方法。數字有其用處，但同時也是人類所發明過最具毀滅性的事物。我們需要拋開數字，以及數字所訴說關於未來的謊言，因為此時此刻，我們已經擁有了所需的一切。

6 譯注：斯里尼瓦瑟．拉馬努金（Srinivasa Ramanujan, 1887-1920）為英國皇家學會院士，是印度史上最著名的數學家之一。

數學只是一種語言，一種我們試著克服彼此溝通不確性的挑戰的方法。就此意義而言，數學就和音樂、藝術、烹飪、性或口語傳播一樣，全都是人類精神的展現，一種連結的方式。它們是人類存在的一種方式。

人類存在於當下。明白嗎？

但數學和其他語言有著一個深刻的差異：

數學是唯一一個沒有獲得宇宙背書的語言。我的意思是，唯有數學是無法透過感官去領會的語言。數學是唯一只存在於我們心中的語言。我們聽得見文字和音樂，我們看得見藝術，我們聞得到美味佳餚。發生性行為時，我們聞得到、嚐得到、碰觸得到彼此。但倘若數字能吃，它嚐起來會是什麼味道呢？

＊＊＊

說到大腦如何發揮功能？我喜歡亞里斯多德提出的概念：我們透過感官接收訊息，將之放置於一個稱作「常識」的地方，以供大腦享用。儘管如此，如果沒有你可稱之為「存在感」或「意識」的東西，那麼，你的感官也無法認知任何事物。是意識在餵養大腦，讓大腦發揮功能，這個過程不涉及任何工作。的確，餵養大腦最好的方式，就是陪大腦玩耍。

人類發明了數字和數學，接著開始陪它們玩耍，利用它們想出了統計學，產生機率的概念。但人類忘了它們只是玩具，是用來玩樂的東西，反倒被自己的發明給深深打動，認為它們是另一種更重要東西的一部分，那東西叫「思考」。他們以為統計學能用來降低不確定性和發揮控制力，所以十分認真地思考，從此再也不玩耍了——他們在工作。

思考＝工作

想要用心智來打動你的人，會想讓你對他們的思考品質留下深刻的印象。思考是我們的發明物，數字和數學也是，但大腦可不是。大腦不思考，大腦不需要數字和數學，只需透過感官被餵養。往往你以為你了解某事物，你其實並不了解它。至於直覺，它出現在思考放假時。此外，直接的感知同樣也不需要思考。你思考的出你活著嗎？不，你就是知道你活著。

我和我朋友達斯談到了未來，他是個物理學家。他認為我們花費太多注意力在思考，這是一種疾病，使得我們對現實產生了虛假的控制感。他說，「我們的心智並不像我們以為的那樣受控，你是否想過這個事實：你無法預測你的下一個念頭？」不，我沒想過。是的，我們究竟如何以為我們能預測和人有關的任何事？我們甚至無法預測自己的下一個念頭。

在西方世界，我們愛上自己的分析能力，我們愛思考甚於行動。但只要將一點點人性——生活本身——丟進這團混亂中，事情就會變得複雜。嘗試利用數字來解決人類問題是個笨主意，而且向來如此。

有些讀者或許對這個論點感到不可思議，沒關係，我在往後的章節會回頭探討。目前，我們姑且同意人們開始利用數字試著對無法預測的生活發揮控制力，而這正是人類所犯過最大的錯誤。

本書的核心論點之一，如果不算是唯一的論點，那就是，無論我們處於何時何地，對我們每個人來說唯一重要的問題是：**現在你要做什麼？**如果你思考這個問題，會發現它是應付生存不確定性的唯一辦法。我們利用感官試著去理解現實，然後大腦接著決定要做什麼，這便是人類的境況。我用概括的話來說：到底發生了什麼事，我應該做什麼？

我得說，嘗試對現實發揮某種控制力，是理解現實的錯誤方式，因為當人類企圖發揮控制力，便進入了自己的心智思考。漸漸的，他們甚至不親自思考，而乾脆要求某位「專家」替他們思考，給予前進的指令。專家們會訴諸數字、數學和機率，在跨入該領域前，試著將思考窄化。

理解現實的正確方法是接納不確定性，你得從可能性開始著手，而非機率。你要利用感官（而非心智）來做這件事。當我說你做這件事，我指的是你的大腦做這件事，你只需餵養大腦，屆時它就會做出選擇。我們必須拋開心智及其主張，這需要順從，而非控制。

成功不是控制。

成功是自由。
自由不是一個數字。
自由不是你能計算的東西。
自由不是你能塑造的東西。
自由是一種存在的狀態。

警告：我談的是實現個人欲望的自由，而欲望來自於自我。當然，對別人行善的欲望除外。我談的是在當下做對的事，不受限制的自由，那是真正的自由——單純地**存在**的自由。「生命是從永恆流進創造的開放和善行。❸」吠陀學者弗勞利（David Frawley）寫道，「這是將心奉獻給使我們超脫時間和悲傷的意識之火。」另一方面，臣服於命運不是什麼丟臉的事，反正命運終將在與你的生存搏鬥中贏得戰役，而你越早停戰，日子過得越輕鬆。

我們是怎麼讓自己陷入那樣的處境，每當有事情使我們困惑，我們會試著塑造出達成某種理解的方法？其實我們可以藉由更簡單的途徑來達成理解。請給我一個方程式，任何一個不太能解釋個別現象的方程式——經濟學、物理學、行為主義——我會讓你知道當中所缺少的變數，是愛。我直到最近才明白，下文我會告訴你我的體悟。

其中，我會說明愛的方程式，這是我對精準悖論的解方，也是我對科學所做的貢獻。好吧，只是開個玩笑，愛的方程式其實無關乎科學，也不是個方程式。你想要真相？它只不過是稱為「愛」的一種概念。

你為何認為你所認識最快樂的人，不是那些最具有控制力的人，而是在生活中能夠自由選擇的人？那些想做什麼就做什麼的人？「量化的自我」？你在開玩笑嗎？那就像宣判自己活在心的監獄裡。你想當一隻戶外的貓，而非室內的貓。戶外貓做著牠們想做的事，隨心所欲地來去，相較於野生動物，室內貓縱或過著舒適的生活，但舒適性被過度高估了——自由才是最愜意的事。

我們應該花更少的時間去計算機率，花更少的時間追求確定性，花更少的時間設法降低風險，我們應該徹底放棄尋求精準，而花更多時間去接受不確定性和冒風險。你不需要數字就能做到其中任一件事，你只需要勇氣。如果你不相信我說的，儘管去問問哈利波特。

你只需意識到自己的存在。

檢疫隔離期間，我開始明白單單光是活著，就是一件多麼美好的事。在長久持續的隔離中，我感受到喀什米爾濕婆教哲學家所稱的「吸收，其本質是對有某種味道的東西的認知。❹」那是梵語的*rasa*，字典會告訴你它的意思是「精髓」，但實際上意指愛或至喜。因此，我頓時了解，我擁有了我所需要的一切，在此地和此刻。我從前一直困於夢中，這個夢告訴我未來是個棲居的好地方，但其實不然。過去也不是——你唯一能棲居的地方，就是現在。

我們之所以無法計算出從困境中脫身的辦法，原因在於，科學和數學工具無法掌握可能性。我們不能想辦法脫離這個困境，是因為我們首先就不該用想的，我們應該要實際地處於當下。我們得相信有關心智力量的一切全是假象，我們需要停止以為我們管控了大腦。大腦不對心智負責，而心智唯一對大腦發揮的力量，就是斷開與大腦（或真實自我）連結的力量。

大腦完全不需要數字，它只需要被餵養。大腦喜歡吃什麼？幾乎什麼都吃，不過它最終會讓你知道什麼東西最可口。如果食物美味，它嚐起就會好吃，如果某個想法嚐起來美味，對大腦來說就是好吃的東西。人人都知道那是什麼感覺，可是我們卻不去追逐應該追逐的風味，而忙著吞食索然無味的數字，捨棄絕佳的想法。你應該好好餵養身體，餵養大腦，但也要陪它們玩耍，大腦會讓你知道它喜歡什麼樣的遊戲。你的大腦只有一種方式與你溝通。

它使你發癢。

食物讓舌頭發癢，想法讓大腦發癢，性讓人發癢……你懂我意思。如果你知道如何搔自己的癢，剩下的事就全都交給大腦吧，它會吸收理解一切並決定……**我現在要做什麼？**然後你就去做這件事——就是這麼回事。

我把最好的東西留到最後。你想整批買進？一筆讓你得到上述一切的交易，同時餵養五種感官，並陪它們玩耍，用一個價錢得到全部五件東西？

愛是你所需要的一切。
當愛來臨……
它以光的姿態出現。
它以波的姿態出現。
它會流動。
它讓人發癢。
因為它是同一件東西。

第三章　我所讀過最棒的書

人們無視於他們所察覺的現實之外的解釋。

——史蒂芬・金（Stephen King），《局外人》（*The Outsider*）

多虧了另一位作家瑪莉安・沃夫（Maryanne Wolf）在其作品中的引述，我在二〇一九年秋天發現了曼古埃爾[7]這位作家，我一生中從未如此震驚於一個文學上的發現。曼古埃爾的《閱讀史》（*A History of Reading*）無疑是有史以來用書籍對閱讀行為的最佳禮贊，使我相形見絀。這本書除了深刻理解閱讀對人類產生的影響，還讓我首次察覺到我在大部分成年生涯從事的行業所散發的強大力量。我的意思是，寫作極具力量，但以往我不太這麼想，我一直低估了這股供我支配的力量。

7　譯注：阿爾維托・曼古埃爾（Alberto Manguel, 1948-）為阿根廷著名作家、翻譯家和編輯。

近來，我明白想要處於現在，需從三方面處理這項挑戰：一、設法「待在現在」。二、談論如何「待在現在」。以及，三、閱讀關於「待在現在」的書。後兩者促成了前者。誰知道呢？這個嘛，一說到書本，要成為一名更好的讀者或作者，最好的辦法就是思考成為一名更好的讀者或作者的意義。沒錯，這顯而易見，而且我時常思考如何成為一名更好的作者。

然而，我卻不曾真正思考關於閱讀的事。多虧了曼古埃爾，我開始這麼做了，就像閱讀波赫士筆下的無限事物，或者J．K．羅琳（J. K. Rowling）書中的咒語。如果你打算認真看待這份工作，你需要請教那些比你更認真看待這份工作的人。

曼古埃爾並非唯一對閱讀持有寶貴看法的人，但他懷抱熱情，四處搜尋許多世紀以來人們說過關於閱讀最深刻的見解，然後編成有史以來關於這個主題最美麗的織錦。總之，這是他心愛的勞動工作。你是否聽過這個概念：亞里斯多德可能沒有被視為他所發表過一切言論的源頭，而只是同時代最精采的哲學語錄的某個蒐集者？如果這是真的，那麼，曼古埃爾就是閱讀領域的亞里斯多德。

想想以下他寫到有關君士坦丁皇帝的句子：

> **君士坦丁發現……文本的意義被讀者的能力和欲望給擴大了。在面對文本時，讀者能將文字轉變成某種訊息，為他解讀一個從歷史角度而言，無關文本本身或作者的問題。這種意義的轉移能擴大文本本身或使之變得貧瘠，並總是將讀者的境況注入文本之中。讀**

者透過無知、透過信念、透過智識、奸詐狡猾以及啟發，以與原著的相同文字改寫了文本，但在另一個標題下重新加以創造，從而在某些程度上使得文本重新誕生。❶

看了這段話，我隨即明白我已經為身為作者的我寫了太多，卻為身為讀者的你寫得不夠。幾年前，我的藝術家兄弟史蒂夫（Steve）出版了一系列的著色本，他向我說起，在了解到是別人幫助他完成了由他起頭的藝術作品時，他所感到的驚奇。我也跟著他感到驚奇，羨慕他有這樣的機會，但與此同時，我卻無視於我其實一直擁有完全相同的機會任我運用。身為作家，我創造事物，任何閱讀我的寫作的人在閱讀過程中，也創造了他們自己的作品。我們全都投入到一長串的創作環鏈中，只要懷抱著開放的心和面對處境的正確意圖。

如果我們願意抱持開放的態度，任何事都可能發生，包括我的寫作在某位讀者的人生中可能開啟的未來。一切行動皆來自思想，因此任何事**確實都可能發生**，它只需要被構思出來，然後顯現。

在我寫出某件事後，身為讀者的你接著就想到某件事，然後我們就上路了。這是一項重大的責任，遠比我以前認定的更為重大。這並不表示我應該告訴你該做什麼——我已經做了太多這類事——但的確意味著終於是時候了，我該去關注文字的生猛力量，以及懷著目的的文字能成就些什麼。我明白我需要述說關於驚人事物的真實故事，真正與我此時此刻所思所為有關的故事，並看看這些故事會激發出我的讀者何種反應。我希望他們會發癢。

* * *

在網際網路發明之前，人們有百科全書。我記小時候曾羨慕那些擁有《大英百科全書》的人家，對於我幼小的心靈而言，《大英百科全書》看起來比《世界百科全套》（*World Book*）更高檔。我甚至羨慕那些訂閱了《國家地理雜誌》，並在嵌入式書櫥展示他們最愛的書連同收藏品的家庭。

那時我們在多倫多唐米爾斯（Don Mills）的家裡有一座嵌入式書櫥，我不記得當時家裡的許多藏書——我們在一九七九年遷居到中東，當時我七歲——但我確實記得父親的神奇收藏座落於其中一只櫥櫃裡，而《第三帝國興亡史》（*The Rise and Fall of the Third Reich*）擺在較高的書架上。多年後我終究讀了那本書，出乎意料的是，那並不是什麼厚重的歷史著作，而是一些引人入勝的新聞文字。

在《與波赫士同行》（*With Borges*）一書中，曼古埃爾回憶起波赫士告訴他，「我渴望一本新的百科全書。」我也是。在我的辦公室，我的座位背對著五部有資格作為參考資料但僅供消遣之用的書籍：《一八八六個美國專業罪犯》（*1886 Professional Criminals of America*）、《想像之地辭典》（*The Dictionary of Imaginary Places*）、《難以置信的怪物》（*Fabulous Monsters*）、《想像生物之書》（*The Book of Imaginary Beings*），以及《迷信百科全書》（*Encyclopaedia of*

Superstitions*）的古抄本。喬伊的母親貝蒂最近送了我一本《高級四學科》（*Quadrivium*）當作禮物，這書勉強算是一本曆書，內容是關於算術、幾何學、音樂和宇宙論等四門古典學科。那些是我能應付的數字，任何關於神聖幾何的主題，我也沒問題。

＊＊＊

我說過，數字是不存在的。文字也不存在，至少當你看著一棵樹並說出「樹葉」時，那並非一件事物，而是我們為該事物所創造的名稱。它描述了該事物，但不等同於這個事物——它只是表明了這個事物。然而，就因為它們是想像出來的，並不表它們互不相干或者相等。兩者關係密切，而且文字的力量遠比數字更強大。如果要談溝通，你應該永遠選擇文字而非數字。為什麼呢？因為文字更適合用於理解事物的本質。

我們利用字母拼出單字，用單字造出句子，再用句子表達意義。但句子的效果並非固定不變的，而完全取決於它所傳達的意義組合——這就是文字的力量。一個單字可以讓你意識到某個距離你非常遙遠的事物，例如「多倫多」使我想起我年少時居住的地方，即使我現在住在五百英里外。這是因為文字能讓我們穿行於我們的世俗和精神生活，因為語言出自於上帝——「一開始有文字」——而量化的語言子集——數字——則出自於人。

葛楚．史坦[8]告訴我們，「玫瑰是玫瑰是玫瑰是玫瑰。」你之所以聽過這句話，是因為她講得太對了！比起告訴我玫瑰有六片花瓣和一支莖，她的說法是描述玫瑰更好的方式。玫瑰就是玫瑰，這是你需要知道的一切。

最近我在一本名叫《科學主義》（*Scientism*）的好書中偶然發現了類似的概念。想像一下，如果有外星生命想認識我們，並問道：「人類是什麼東西？」當然，你可以提供一份人體生化分析報告——它含有百分之九十九的這六種元素和百分之零點八五的其他元素——但那無法真正說明我們的**本質**，不是嗎？問題不在於答案是錯的，而是這個答案似乎回答了不同的提問。當然，那個提問是：如果你只能使用數字，你能告訴我關於人類的什麼事？……之類的問法。數字實際上成為一種限制，而無法針對某件事物給予接近完整的解釋。

當我們訴諸數字來描述某事物，我們自願地降低自己的描述能力。為什麼會這樣？因為你無法量化關於某件事物的一切，量化的作法只能說明該事物的某些層面。你有一雙眼睛和兩隻耳朵，但你有多少個想法？如果我們打算花費時間去建造想像中的幻想城堡並居住其中，你難道不認為用文字而非數字來建造這座城堡是更好的點子？用數字建造的城堡會是什麼樣子？事實上，我知道這個問題的答案：它會像一座銀行。有誰想住在銀行裡？

沒錯，我知道數字可以用來理解能以笛卡兒座標系描述的實用事物，例如：如何從這裡到達那裡。是的，你可以計算某些重要事物——長度、寬度、重量。但有人提供你關於某事物**更精確**的數字，並不會使那個事物變得**更真實**。如果你利用數字來理解任何不純粹是數量的事物，只會使自己遠離就在眼前的**現實**。

為什麼與大自然有關的事物總是如此吸引人？好比被風吹動的樹葉或海裡的波浪？為什麼它們似乎比人造物品壯觀許多？這是因為它們的數量無法估算——這是很明顯的事，我們甚至不會去嘗試估算它們。因此，你可以單純欣賞一棵樹，不需要進一步的解釋；這也是人們喜愛海洋和衝浪的原因。

這點將在本書中多次被提及，所以讓我們做個結尾。你懂巴布・狄倫嗎？以下例子涉及了數不清的事。在狄倫事業生涯的重要關頭，他變得很有基督教味——接連出了三張唱片*Saved*、*Shot of Love*和*Slow Train Coming*。當時，大多數人不知道是什麼促成了這個轉變。其中某些歌曲非常棒，但這整件事似乎有些不合時宜，因為當時是一九八〇年代，科學已然大勝宗教。身為先知的狄倫是個基督徒，他是否會在舞台上重捶他的《聖經》？

以下是我對狄倫所作所為的猜想：他在將他的聲音，加入到那些曾警告我們不要在進步道路上

---

8 譯注：葛楚・史坦（Gertrude Stein，1874-1946）是美國二十世紀著名的現代主義作家、詩人和藝術收藏家。她的作品以其獨特的寫作風格和對語言的實驗而聞名，作品包括小說、詩歌、戲劇和散文，經常被認為是現代主義文學的先驅之一。

走得太遠的一長串藝術家名單中，他提醒我們：我們需要懷抱道德感，我們需要記得有些事物本身就是好的，有些則不是，而在所有的事物之間，確實存在著某種結締組織。順便一提，那種連結性，正是C．S．路易斯[9]所說的，是他全部作品裡的暗流。

狄倫的歌曲〈每一粒沙〉（"Every Grain of Sand"）是他想（不利用數學）解答人類方程式的無數次嘗試，他一度唱出這種他從不回顧錯誤的傾向——換言之，他活在當下，不隨身攜帶行李。當他提到「狂暴的片刻」，指的就是無限的可能性。他接著說，他能看見主人的手「在每一片抖動的葉子裡，在每一粒沙中。」那個主人是你，那個片刻是現在。當吉姆．詹姆士（Jim James）在〈那一刻〉（"In the Moment"）的歌曲中唱道「一切盡在那一刻，毫不猶豫」，他是在歌頌相同的東西：一切都包含在現在之中——**所有的一切**。

各位，一切都在一個音節當中。或者，如果你願意，在每一粒沙中。但狄倫的基督信仰未曾真正流行起來。如果人們無法傾聽上帝語言，他或許必須使用另一種語言。我在大學時寫了篇論文，將巴布．狄倫的演唱會比喻為宗教復興運動，當然，我真正的意思是，他是人類救星，以他能想到每種可能的方法，來指引我們找到真相。此外，吉姆．詹姆士也是一位救星。去看看他的表演，你就會明白我的意思。

＊＊＊

在我開始寫這本書之前，我翻遍了許多別人的著作，這些書裡包含了絕佳的洞見，碰巧也非常有可看性。這兩件事不見得總是同時出現在一本書裡，所以當你發現了好看的洞見，你會非常珍惜。我接連閱讀了許多這樣的書。

我像他們說的那樣進入了心流。從前我一直以為進入心流，與你努力要達成的事情有關，而非簡單地發生在你身上的事。老兄，我錯了。就像當喬伊和我跟著迪帕克與歐普拉（Deepak and Oprah）用冥想展開的每一天早晨，如果你找到一個讓你流動起來的方法，它便會如實地接管你周遭的一切。

你使用Waze導航嗎？因為Waze知道每輛車的位置和去向，因此能在開始塞車時馬上調整。我喜歡想像倘若人人都使用Waze，而且它立刻解決了所有交通問題，結果會怎樣？當你處於流動狀態，就彷彿Waze在為你的生活指揮交通，這是相當棒的事！

我為什麼用一整章的篇幅來寫關於閱讀的事？因為疫情來襲時，我們全都被隔離，全都面對一個問題：現在我要做什麼？要回答這個問題，我的答案至少有一部分是開始閱讀。更確切地說，以我喜歡的方式重新開始閱讀，也就是一本接著一本貪婪地讀書。

---

9 譯注：C．S．路易斯（C. S. Lewis，1898-1963）是英國作家、詩人及神學家，這位二十世紀重要的文學和宗教思想家的作品，對於現代文學和基督宗教思想的發展產生了深遠的影響。他最著名的系列小說之一是《納尼亞傳奇》。

每讀完一本書，我便告訴喬伊，這是我所讀過最棒的書之一。我不是唯一一個這麼說一本書的人。大家都會這麼做，不是嗎？然而，當我發現我一而再、再而三的說這句話，不免落入反覆無常的批評。對於何者才是我所讀過最好的書？我是否不再有任何標準可言？這每一本書，如何能是當中最好的書？

然後我明白我真正要說的意思。你正在讀的**任何**一本好書，可以說實際上就是你讀過最好的書，因為它是你最近用來餵養心靈的東西，是你最近送給自己的禮物。學習是一步步積累的，你需要持續進行，最新的書**總是**最好的書，它使你保持流動。

再者，當你處於流動狀態，你可以在周圍的事物中看見愛。事實證明，我的標準真的降低了，我不再認為有些事物美好而有些事物糟糕，我在自己身上發現一種欣賞近乎所有事物的能力！這是非常了不起的生活方式——不帶著抱怨。我從前不知道這是有可能的，但情況確實如此，讓人獲得全然的解放。

讓我們來談談隱喻。運用隱喻是我們彼此溝通重要事物的方式，因為我們需要能在兩個（或更多）人之間達成一個折衷的結果，以便了解彼此的意思。溝通時，隱喻是我們所使用最重要的工具，讓我們得以對彼此表示：某件事物與另一件事物相似。類似於隱喻的東西，包括了慣用語或比喻。從前，我以為我們使用的隱喻和比喻都是比喻性的，亦即非如實的，只是想像出來之類的東西。但近來我發現從前我以為那些只不過是比喻的事物，實際上竟然真實存在。

我抱著好玩的心態為你列舉出一些：

愛能克服一切。

你唯一需要恐懼的事物，就是恐懼本身。

熱忱具有感染力。

約莫四月中旬，我明白了我一直在做的事：我已不再關注文字，而讓數字將文字推到一旁。我不是說我不使用文字，而是我用文字來談論數字（那時我即將用文字寫下一整本有關數字的書）。但是後來，我讀了一堆完全無關數字的書，突然從大半輩子的恍惚中醒悟過來，當下我發覺我一直在問自己錯誤的問題，或說，我一直在問自己簡單的問題，例如說，好幾次在聽巴布．狄倫唱出「每一粒沙」這句歌詞時，我自忖宇宙中可能有多少顆沙粒。其實，我應該思索的是：在萬物中看見造物主的手，這代表了什麼意義。

在曼古埃爾作品的磨鍊下，近六個月來，我對書產生了許多想法，並覺得關於寫作的本質，我有個有趣的見解。

這得從人說起：「身分」是什麼？身分只不過是一團亂糟糟的概念和紀念物，我們的身分不是固定的，而是隨時在改變。那麼，書又是什麼？書產生於當身分設法要匡正自己——當一團亂的想法得以捕捉住另一團混亂的想法，並以具有連貫性的方式將它們呈現出來，在身分或潛藏於書本身的想法開始要溜走之前。這時，一個流動的東西在馴服另一個流動的東西，你既是概念的構思者，你本身也是一個概念。人們稱這個受孕的片刻為「構思」❷，此事並非巧合。

以這個觀點來說，宇宙（意思就是你）可以被描述成一個**宏大的想法**，這個想法因為**大霹靂**而產生。懂了嗎？這對我很有效。是誰想出了「我」的概念？只有天曉得，但我予以贊同——我想破頭也想不出更好的。我假定你對於你的自我也有相同的感覺。

＊＊＊

我認識瘋腿康帝（Crazy Legs Conti）這傢伙，這位大胃王比賽的選手參加過康尼島（Coney Island）的吃熱狗大賽。瘋腿也是個無比健談的說故事高手，事實上，他算得上是個生活大師，一個能夠將他的**現在**變成故事源泉的魔術師。我從沒見過像他那樣的人。瘋腿送給M幾本書，包括凱薩琳．艾登（Katherine Arden）的《小空間》（*Small Spaces*），這本書讓她高興壞了，簡直是送給孩子的最佳禮物。我不知道是否曾在書中提到這個人的事，但凡事都有第一次：瘋腿有一顆黃金做成的心。

二〇二一年一月，他送了一本書給喬伊，並建議喬伊、M和我都要讀一讀——那是莫根斯坦寫的《無星之海》[10]。喬伊先讀了，然後告訴我這本書讓她感覺幸福滿滿。我在星期六一早開始讀，星期天晚上就讀完了。就像曼古埃爾為閱讀寫了一首頌歌，我認為莫根斯坦也為說故事寫了一首頌歌。

我不會告訴你書裡的情節，因為這個故事太棒了，我不能冒著爆雷的風險。我要告訴你的是，這可能會是你一生中讀過最深刻的、寫給說故事者的情書。我不太常使用「智慧」一詞，但《無星之海》藏有深刻的智慧。

雖然作者莫根斯坦沒有明說，但我讀她的書時的確有這種感覺：你不是你的身體，你也不是任何特定時刻構成你身分的大量想法，你是這些想法的坩堝——意識本身。你是你自身存在背後的創造力。當你受困於自我——將你的意識與你的身和心綁在一起的結——你便陷入一個最不微妙的存在層面，那正是使我們受限的東西，造成我們的混淆，讓我們誤以為被時間和空間所捆綁。但事實上，它們只是概念而已，是認知的產物，誘使我們以為它們是真實本身。

如果你認定你的故事有諸多侷限，不久你就會相信別人能掌握你的故事——別人能告訴你你是誰。在文化的影響下，我們養成了「證書」的觀念。證書在一定範圍內有其價值，比方說，它能告

10 譯注：《無星之海》（*The Starless Sea*），艾琳．莫根斯坦（Erin Morgenstern）著。這本《紐約時報》暢銷書融合了奇幻與浪漫的元素，透過優美的文筆與過人的敘事技巧，深入探討故事的力量。繁體中文版於二〇二一年由皇冠出版。

訴你：某個人是一名外科醫師。然而，我們讓證書定義了我們，在我們原本不受限的自我周遭劃定了界限。

周遭那些沒有面目的人們遞給我一張張紙片，上面印著我應該被寫上的種種事情，但他們從來不問我是個什麼樣的人。❸

——《無星之海》

問題不只是別人，還有我們加諸於自我的限制，我們給自己理由，說明我們為什麼沒有完成那些原本做得到的事：因為沒時間，或者因為事情行不通。然而，你的人生是你自己造成的，你的人生是你告訴自己的故事。

當你對某種處境感到不滿，你投射出不當的故事敘述到身外的某件事物上，彷彿你的故事之所以這樣發展，都是別人的錯，但事實上，那只是你的錯，因為你是你自己的作者。「我愛你，但我不會坐等這個故事改變。」《無星之海》中的某個人物說道，「我要使它改變。」❹

給別人講個好故事，不僅是告訴他們一個故事，同時還告訴了他們這個故事所根據的想法。這些想法或含蓄或顯露並不重要，但總能透過某種方式來傳達。我要主張的是，說故事是我們所能做的最重要的事，我們用食物餵養自己以維持肉體存活，但我們的大腦也需要被餵養，方能持續創造出你將成為的故事。當你給人講故事，你是在**餵養他們的大腦**。

我認為人們來此的理由和我們相同，都是為了尋求某種東西，即便我們不知那是什麼。某種不止如此的東西，某種讓人驚嘆的東西，某個讓人得到歸屬的地方。我們來此是為了遊歷別人的故事，同時找尋自己的故事。❺

——《無星之海》

當然，故事不只是為了滿足那些聽故事的人，也是為了說故事的人。我們透過故事賦予自己人生意義，為此我們運用了文字，因為文字可以包含如此多的意義。你的意識——亦即真正的自我——不是個假人，它可以從虛無中辦別出意義，即使你的自我辦不到。然而，如同所有的坩堝，意識只含有它本身包含的東西，說到底，它只是做著它一直在做的事，並**上演一齣戲**，由你來主演。如果你用了太多的測量方式去試圖填滿劇本，可能就沒有足夠的空間來容納真正的你了。

＊＊＊

所以請你傾聽這些**文字**，我的朋友。它們雖然無法傳達**現實本身**，但有了它們，我希望能說服你相信，比起去計算現實，文字才是一個用來描述現實，以及讓我們能更有力掌握現實的工具。我們需要找到一條不同的途徑，但我們不能計算它，因為它不是數字，也不是目的地。當我們彼此討論這條途徑，我們需要利用的是文字，而非數字。當我們在找尋「該怎麼辦」的主意，我們需要利用的也是文字，而非數字。如果我們再度開始利用文字，也許我們能**隨著文字回歸到現在**。

當然，最後，如果我們想認識自我，我們也需要超越文字。如果你能擺脫自我意識的限制，並使得自我能夠從心與身中解放出來，那麼你將會覺知到，真正的現實就存在於文字之外。一說到溝通的力量，雖然文字優於數字，但最終的分析顯示兩者皆是空洞的事物，因為現實無法被描述，只能加以體驗。

我為什麼說得這麼有自信？因為這事就發生在我的身上。過去的我選擇藉由量化的方式來理解現實，更扼要地說，每當使用數字，我就迷戀起那些充滿了確定性的假象。後來在疫情隔離期間的某一天，我突然振作起來，重新開始過我的生活。當你以為你知道某事（當你對某事感到**確定**），你是在告訴自己，你已經知道你所需要知道的一切了；而一旦你這麼做，你就完了，因為那時你便不再傾聽——事情就這麼簡單。

第四章　關於數字的故事

人類縱或沒有翅膀或葉子，但我們擁有文字。語言是我們的天賦和責任。❶

——羅賓・沃爾・基默爾，《編織聖草》[11]

我不確定我是否真的明白了，直到這事像煎鍋一樣砸中了我的臉。但這些年來我確實感覺到：我的生涯變成了一個數字與文字拔河的競賽場。請注意，不只是我的生活。自從數學被發明，以及科學出現以來，全體人類一直在進行相同的拔河。這種風險高得不能再高——它賭上了我們的靈魂。

11 譯注：《編織聖草》（*Braiding Sweetgrass*），羅賓・沃爾・基默爾（Robin Wall Kimmerer）著。這是美洲原住民作者追溯童年記憶與家族部落的歷史，緬懷失落的文化、語言和土地傳統的紀錄。繁體中文版於二〇二三年由漫遊者文化出版。

讓我細細說明這場數字對上文字的拔河大戰。

我發現西方教育的課程作業相當簡單和輕鬆，我從來不必辛苦應付，因為大多數的科目，即使是高中物理，對我來說似乎全都順理成章，我的各科成績都很優異。

當我的高中諮詢顧問問我長大後想做什麼，我告訴他，「我想從商。」我沒有唬你。我現在甚至不確定我當時的意思，除了記得心中留存至今的那副形象：我要拿著用柔軟皮革製成的時髦公事包，那對我來說代表了某種成功，但那得**花錢**——**數字用力拉扯**。

我讀高中時發現了巴布．狄倫，那時我兄弟史考特（Scott）將狄倫的「*Biograph*」專輯送給我的另一位兄弟當作聖誕節禮物。我偷偷拷貝了這張專輯，然後馬上從頭聽到尾。當然，我聽過他的一些名曲，但這些歌並不吸引我，吸引我的是一個似乎通曉事情的男人的聲音。他知道些什麼？當時我並不明白，但我知道他知道的比我多。不僅如此，他顯然是有史以來最酷的人。我向來不會特意裝酷，但不表示我看不出什麼才叫酷。在他的歌曲中，我看出來這一點——**文字扳回一城**。

我還告訴我的諮詢顧問，我想到美國求學，因為加拿大太小了。我曾在中東度過一段童年時光——當時我父親是一名產科醫師，一九八〇年代初期任職於沙烏地阿拉伯的皇家醫院——我有一股想前往外地的衝動。三十年後，我開始積極融入當地社群，我們目前住在赫爾利，我想「漫遊癖」有其不利之處。無論如何，當時我覺得有必要離開加拿大獨立發展。

我高中成績優異，因此我的諮詢顧問建議我申請美國頂尖大學的商學院，當時考慮的是賓州大學華頓商學院。我提出申請後很快獲准入學，於是在一九八八年九月跟著父母驅車前往費城，當時的我對華爾街並無概念，卻不知怎的獲得了一個人人嚮往的有利位置，未來可望躋身為天之驕子——**數字再度用力拉扯**。

幸而就讀大學期間，我的好奇心促使我拓展意識。我在賓州大學結識了終生的朋友麥爾坎（Malcolm），他介紹給我傑克．凱魯亞克[12]和感恩至死樂團（Grateful Dead）。麥爾坎自己則成天開著一輛福斯巴士，當一名長春藤聯盟大學裡非常典型的嬉皮。讀大學時，我還發現了波赫士和卡爾維諾等作家——**文字再度賣力表現**。

等到畢業時，我知道我取得金融學位是個錯誤，但體制以學生債務的形式掌控了我。我打心底知道我不想在華爾街工作，但我欠下大約四萬美元的學貸，所以我決定做點成熟的事，也就是在華爾街找份工作，賺取足夠的錢還清貸款，然後再決定是否留下來。在華爾街就業似乎就像數字的獲勝，但我有清楚的意向：一旦還清貸款就會離開——**數字和文字打了漫長的一仗**。

接下來發生的事對我而言一直是個有趣的諷刺：即便我不想在華爾街工作，而且實際上故意搞砸了所有的面試，但人人都想進去的高盛集團卻還是提供了我工作機會。奇怪的是，此外再沒有人

12 譯注：傑克．凱魯亞克（Jack Kerouac, 1922-1969）為美國小說家、作家、藝術家和詩人。他最著名的作品是《在路上》（*On the Road*），繁體中文版於二〇一二年由漫遊者文化出版。

給我工作機會，這種情況以前大概從未發生過，以後也不會發生。（因為在華爾街，如果高盛錄用過你，那麼大家都會想錄用你。）

我在高盛待了兩年，做著一份毫無意義的工作，我心知肚明。在現代金融業任職，其實就是當個中間人，去獲取別人辛苦工作的成果。但那不盡然是一種損失。一九八八年年尾，我認識了演員阿奈特（Will Arnett），他的姊妹是我兄弟的朋友。那時阿奈特還是一名沙發客——他的事業尚未起飛——當年秋天，他搬來我在上東區與友人合租的公寓。此舉拯救了我，二十幾歲的我因此常跟演員們（而非銀行家）打交道——**數字與文字的戰爭僵持不下**。

在我賺夠錢還清學貸後，我做了先前一直想做的事，我出發去找尋真正的生活目標。即便我知道華爾街不適合我，但當時我其實不太知道什麼才算適合。

「我想做什麼？」我問自己。

「閱讀吧，我猜。」我回答。

「嗯，那麼你或許應該去出版業找工作。」我自問自答。

那時我還無意成為一名作家。我不曾大聲說過「我想當作家。」為什麼？因為我根本不想，我從來沒有過這個念頭。但我的確是個好讀者，所以我認為我也許可以進入出版業，幫助創造一些可供人們閱讀的書籍。於是，我向紐約能找到的每家小說出版社投遞了履歷。那是一九九四年，出版社尚未被公司怪獸給吞併，因此我投了好幾百份的履歷。

雖然我擁有長春藤聯盟大學的經濟學學位，但出版社甚至不考慮讓我當個無薪實習生。我在時代廣場的「雙日出版社」（Doubleday）有過一次難忘的面試，面試官問我是否懂得使用試算表之後建議我，雖然我不能勝任編輯工作，但也許適合待在庫存部門。我站起身，感謝他花時間面試我，然後走出他的辦公室。

此後我完全放棄在出版業找工作。那是一九九四年的夏天，我離開華爾街之後失業了，不知道往後的人生要做什麼，除了閱讀、聽音樂、聊天和抽大麻，我沒有真正的熱情。

「要不試試新聞業？」一位朋友問，「閱讀的反面是寫作，不是嗎？」

「或許你說得對。」我回答。

我參加了幾場新聞工作的面試，但同樣的問題似乎也成為阻礙：大家好像都認為你得主修英語才能當個記者，看樣子沒有人對我的心靈品質感興趣。我對面試官的心胸封閉越來越厭惡，於是跟著幾個好哥兒們去聽了九四年的伍斯托克音樂會（Woodstock），主要是為了看由巴布·狄倫的壓軸表演。那個週末，我服用了生平以來最大量的毒品——LSD、致幻蘑菇、迷幻藥和大麻，我們玩得很瘋。回來隔天，我在名為《衍生性金融商品週刊》（*Derivatives Week*）的通訊報獲得了一份工作，撰寫跟數字有關的東西。我立即打電話父母，告訴他們一切都相當順利，我很快就能付房租了。

在我任職那天，意思是我從伍斯托克的狂歡回來的三天後，我被告知要接受毒品檢驗。受檢的當天早上，我灌下一加侖的金印草茶[13]，利用這個百試百靈的方法通過了檢驗，途中還不得不在時代廣場的一家Harvey's速食店上廁所，情況實在太糟了。我等了幾天才知道我過關了，我猜藥檢單位並無意逮住那些使用迷幻藥的人。

三個月後，我離開了《衍生性金融商品週刊》，就像人們說的，那份工作不適合我。後來我在《錢雜誌》（*Money*）待了五年，在那裡結交一些好友，尤其是我終生的伙伴彼得和巴布羅。一九九〇年代初期，居於媒體龍頭數十年的時代公司（Time Inc.）仍稱得上家大業大，這表示我不用非常努力工作就能獲得相當不錯的薪資。要幹好一份新聞工作，最要緊的是找到你感興趣的事物並且認真學習，之後寫出你的想法。那樣的生活方式不算太壞，唯一的問題是，即使我逐漸成為一名真正的新聞工作者，我依舊在寫跟金錢有關的東西。

相較於名叫《財星》（*Fortune*）的金童，《錢雜誌》一直是時代公司裡受冷落的醜孩子，我總覺得這事沒道理——《財星》就是資本主義的行銷部門，不停吹捧比爾．蓋茨、巴菲特、史密特（Eric Schmidt）和賈伯斯之流的資本家，但《錢雜誌》會試圖幫助那些在處理真實財務問題的人。當然，我也想不明白為什麼《錢雜誌》非得是月刊而不是一本書——關於個人財務，並沒有那麼多需要你持續了解的事，這些功課多少是不受時間影響的。我離題了。

一九九七年，我說服編輯們讓我破天荒撰寫只針對技術股的投資專欄。當時像微軟、甲骨文、英特爾、思科（Cisco）和戴爾（Dell）之類的公司正在改變我們的社會結構，如果我完全不寫那些使我靈魂著火的事，我至少想寫一些對別人而言似乎重要的事；我可以說是在幫助形塑《錢雜誌》社論的方向。

倘若不是雜誌社的人事突生變故，我原本會待上好一段時間。當時社內的編輯拉利（Frank Lalli）離職，由薩菲安（Bob Safian）接任，薩菲安的年紀比我大不了多少。不久薩菲安的一位副手要我寫另一個關於技術股的投資專欄，我答應了，但很快發現他們要我寫跟我前一年所寫一模一樣的報導。我理解，一本為個人服務的雜誌，在內容上總難免會有重覆性，但不表示你得每年寫**完全相同**的報導。

話雖如此，那也不足以令我辭職，那麼原因何在？當然是錢的問題。當我發現薩菲安的新撰稿人薪水大約是七萬五千美元，而我只拿五萬美元，我於是要求加薪。當時，我是員工中最具生產力的投資作家之一，理應拿到最高薪。薩菲安以給我加薪三千美元作為回應，我當下決定等我能找到新工作便辭職。

不久，我就辭職了。那時報導網際網路興起的舊金山刊物《紅鯡魚》（*Red Herring*）雜誌正在

13 譯注：金印草（Golden Seal）是一種常被稱為「黃金封印」或「金鈕扣」的植物，學名為Hydrastis canadensis，這種原產於北美洲的草本植物被廣泛用於傳統醫學中，多年來為加拿大著名草藥。

尋求一名紐約編輯，並洽詢了我同事吉姆（Jim Frederick），但吉姆在時代公司的前景可期，因此將消息轉告給我。一九九九年，我離開《錢雜誌》成為《紅鯡魚》的紐約分社社長。天啊，我還在寫有關數字的事，不過技術為數字調了味，所以結果不盡然很糟。當然，那依舊是數字——**情況陷入遲滯狀態**。

網際網路1.0版呈現了典型的景氣循環，而《紅鯡魚》的命運反映出該產業的興衰。有好幾年時間，我們站上了世界之巔——瓊恩．史都華[14]成名之前曾在我們的聖誕節派對上表演。但等到景氣開始衰退，我不得不解雇一群員工，這是我人生中最痛苦的經驗之一。

《紅鯡魚》在二〇〇三年關門大吉。那時，我騙到一次機會訪談《浮華世界》（*Vanity Fair*）的卡特（Graydon Carter），卡特是現代新聞業的神人，他問我知不知道保羅．法蘭克（Paul Frank），他是設計和創造出卡通人物「猴子朱利斯」（Julius）的插畫家。當時我並不知道。總之，卡特指派我報導法蘭克的故事，另外還指派我報導康拉德．布萊克（Conrad Black）的崛起和敗亡的故事，後者是有史以來最有份量的白領惡棍之一。那篇報導約用了一萬兩千字，並改變了一切。在康拉德之前，我沒辦法讓任何人回我的電話，而在康拉德之後，我的電話開始響個不停——**文字促使它們動起來**。

大約那時，我的好友歐恩（Owen Burke）來電，問我想不想和他合作寫一本書。歐恩在紐約市哈德遜街住了幾年，就在我樓上。威爾．阿奈特和我帶他去看了他生平的第一場「Upright Citizens

Brigade」劇團演出，後來他在那個劇場上即興表演課，最終成為藝術總監。他接著在「笑死人不償命」（Funny or Die）喜劇視頻網站任職，與威爾．法洛及亞當．麥凱[15]一起讓全世界的人笑破肚皮。

總之，歐恩在二〇〇四年打電話給我，提議說：「想不想和我一起寫本書？」我看不出成功的希望。他解釋，他選定了《選擇你自己的冒險》（*Choose Your Own Adventure*）來探討在世紀之交有關執行長培訓課程的過剩，而現在，他得找個真正懂執行長「語言」的人與他合寫此書。

《選擇你自己的冒險》一書涉及了無限可能性，暗示你應該做出抉擇，而不只是讀一本書。你知道的，就像生命本身，當下你的人生總是存在著各種可能性。這本書包羅萬象，我們甚至設法將生長防彈羊毛的駱馬放進書中。好吧，為了讓你看出這裡的主題，我可以說，歐恩當時與有史以來最優秀的即興表演團體合作，因為即興表演最注重的就是……無限可能性。

此外，生命也關乎無限可能性。你越是擁抱生命，將它編織成你的日常生活，你就過得越好。我花十五年寫了另一本比那本更貼近生命精神的書，那就是我和另一位老友克莉斯汀（Christiane

14 譯注：瓊恩．史都華（Jon Stewart）為美國喜劇演員、政治評論員和電視主持人。

15 譯注：威爾．法洛（Will Ferrell）是美國喜劇演員、編劇。亞當．麥凱（Adam McKay）是美國喜劇電影導演、製作人、編劇。

Lemieux）合寫的《零摩擦》（*Frictionless*）。這本二〇二〇年六月出版的書裡談的是同一件事——對可能性保持著開放的態度。在此之前，由我具名的五本書中，兩本最貼近現實本質的書是我與朋友合寫的書——第一本和第五本。雖然接下來的書似乎包含了某種前進的動能，但你也可以說，它們的特色是大量的原地踏步。

曾有一段時間，我替亞當・莫斯（Adam Moss）的《紐約雜誌》撰寫文章，題材多與華爾街有關。二〇〇八年初，亞當邀我到他的辦公室談下一年度的雜誌內容：「如果明年只能專題報導一位華爾街人物，這人會是誰？」

我的大腦開始高速運轉，儘可能翻閱數量有限的「華爾街有趣人物簡介」檔案，但我能想到的點子都是別人已經想過的點子。就在約一個星期之前，我在《巴倫》（*Barron's*）財經報讀到摩根大通（JPMorgan Chase）執行長傑米・戴蒙（Jamie Dimon）的簡介。戴蒙和他的良師益友桑迪・威爾（Sandy Weill）創建了花旗集團，此時他亟欲在摩根大通再度創建一個商業帝國。《巴倫》曾刊登過戴蒙的故事，而《紐約雜誌》想當然耳也想進行關於他的報導，好吧，我只能以利用現有的東西。

「傑米・戴蒙。」我說。「為什麼？」莫斯問。當時我簡單回想著《巴倫》報導中我能記得的事，然後莫斯要我馬上著手進行這篇報導。接下來，全球的運氣轉壞，我則開始走好運。二〇〇八年三月十六日，貝爾斯登公司（Bear Stearns）瀕臨破產，摩根大通在美國政府的命令下介入收購，以免金融體系崩毀。起初，我以為我完蛋了，我拼命懇求和哄騙，摩根大通的情報頭子喬．伊凡吉里斯帝（Joe Evangelisti）答應安排我採訪戴蒙，但二月中旬的訪談被推遲到了三月十七日，屆時全世界的每家新聞機構將於當晚和隔天打電話給摩根大通，當週結束時，會出現無數個有關戴蒙的報導。

後來，我接到伊凡吉里斯帝的來電。他們不僅保留了我改期採訪戴蒙的約定，而且戴蒙答應不會跟其他人晤談，因此我的報導沒有泡湯，更將成為下一期《紐約雜誌》的封面故事。這對於一個不是大牌金融媒體的雜誌來說，是相當有份量的獨家新聞，華爾街最當紅的執行長不是接受《財星》、《富比士》、《商業週刊》、《華爾街日報》或《紐約時報》的採訪，而是接受《紐約雜誌》的採訪，與我進行談話。

此後新聞從業人員時常問我，「你是怎麼弄到那份獨家報導的？」當時我沒有說出來，但我現在樂於承認，那純粹是狗屎運。

我曾及時寫了一篇有關這位華爾街新王的報導，一點點運氣成為我持續至今的寫書生涯的起點。這篇報導刊登約一個星期後，我未來的經紀人大衛．孔恩（David Kuhn）來電，問我想不想寫一本關於戴蒙的書。

達夫：「我不想寫一本和該死的銀行家有關的書。」

大衛：「我們何不先想想我們可以賺到多少錢？」

我不情願地同意，並且像每個人那樣告訴自己，我大概有個價碼。出版商爭相給這本書喊價——那是金融危機時期，美國最具影響力的銀行家的傳記——事實證明我確實有身價。

* * *

坦白說，我以前不只寫有關數字的事，我還在每個轉彎處擁抱它們。在我的新聞業旅程的每一站，我以遠超出股票價格和銷售數字的方式擺弄數字。

我曾為三份不同的雜誌創造指數：《金錢三〇》（*The Money 30*）、《連線三〇》（*The WIRED 30*）和《紅鯡魚文件夾》（*The Red Herring Portfolio*）。在千禧年頭幾年的《紅鯡魚文件夾》雜誌中，我每個月寫一篇名叫「如何估價」的專欄。諷刺的是，這個專欄的目的是教你如何為任何事物安上一個數字，即使這些數字根本虛幻不實。

藝術部門問我，能不能將我的估價工作分成三個部分，以便讓設計工作看起來具有一種連貫性。「當然可以。」我說。你知道，當你在虛構某件事物時，你想要分成幾個部分都可以。你想要三個部分？不，四個部分。沒問題。最後，那變成了我工作的挑戰，假裝我們評估每件事物都有三個組成部分。舉一些例子來說：

如果紐約地鐵系統民營化，能賣多少錢？

紐約州州長史必哲（Eliot Spitzer）嫖妓被揭發後，我估算了美國伴遊經濟的規模大小。

當小甜甜布蘭妮（Britney Spears）陷入人生低潮發生剃髮事件，編輯會議上有人提到，「她瘋了。」我回答：「沒錯，但她依舊可以瘋得發大財。」《紅鯡魚文件夾》的編輯利普曼（Joanne Lippman）轉頭看著我：「那是你下一個專欄。」她說。

根據我的估算，布蘭妮身上具備了價值一億一千萬美元的經濟，這大概是我板著臉寫過最愚蠢的文章，結果也是我寫過最受歡迎的報導。此後，我上遍了NPR、CNN、Inside Edition等所有美國廣播節目，我說的話到處被引述。那時我妻子正懷著我們的女兒，當她在婦產科照超音波，我坐在等候室翻閱《時人雜誌》，發現我的一億一千萬美元估價被其他的文章給引述了，彷彿那是個鐵錚錚的事實。因為數字不會說謊，不是嗎？

二〇二〇年春季疫情蔓延期間，我收到某製作人的電子郵件，她曾替HBO和Netflix規劃節目。她問我能不能上她的新節目聊聊？當然可以，我想知道該節目的內容：麥肯錫？哈佛商學院？不，是關於小甜甜布蘭妮。他們想在攝影機前採訪我，談談布蘭妮經濟。

「聽著，」我說，「我不想失禮，但我就直說了。那不是一篇嚴肅的新聞報導。我的意思是，我虛構了這個數目，儘管那不全然是胡鬧——我真的估算了她的唱片銷售以及她在小報上的影響力，但『布蘭妮經濟』是個荒謬的概念，這種東西並不存在。」

場面頓時陷入了靜默。

「嗯，這是我們到目前為止最有趣的對話。」這位製作人回答。我們同意過些日子再談，後來當然不了了之。

＊＊＊

我花了十五年的時間成為一名雜誌作家，到了二〇〇九年，我開始寫書。我從來沒有認真地回顧過去，因為我的時機再好不過。經濟大衰退加上網際網路的發達，大量摧毀了自由新聞工作者的市場，如果我想同時保住我的自由和現有收入水平，那麼有點諷刺的是，寫書是我的唯一出路。那麼，文字與數字之間的鬥爭進行得如何了？你問，發生了什麼事？我隨身攜帶兩者，所以它們的鬥爭激烈地進行中。

這事聽起來耳熟嗎？你是否也曾發現自己在這兩個敵對陣營左右為難？一邊是涉及定量和所有表面上簡單明白的事。數算東西相當容易，尤其當數字不大時，我們身上甚至有手指形式的計算機。另一邊是深入理解事物，這需要文字和經驗之類的東西。

在數算東西時，我們摒棄了搔自己癢的機會，因為計數讓我們脫離了存在的本身。那麼，我們為何浪費如此多寶貴的機會，不去感受存在的光輝，反倒計算起這個或那個東西的數量？我不知道你的原因，但我告訴你我為何這麼做——因為我錯誤地假設「現在的我」可以藉由處理數字，來幫「未來的我」一個忙。可是「未來的我」從來不需要這個幫助，因為它是想像中的東西。我無法活在此時此刻，於是召喚出一個想像中的未來的我，他需要我去數東西，從而給我一個不用認真活在當下的藉口。

當然，未來的我絕不會現身為這種分心擔起責任，這其實是我們自己做出來的假動作，不是嗎？我們全因想像中的那個自我而分心，他們向我們索求某樣東西，然後消失無蹤。沒過多久，那個長久以來的不滿足感就會再度抬頭，低聲說你沒有發揮你最大的潛能。所以我們要怪誰？想像中的你？想像中的我？到頭來，我們獨自揹黑鍋，被自己的幻象欺騙，只能怪自己。除非你能找到人付錢給你，寫一整本專門講述別人過錯的書。

第五章　關於數字的書

合理性當然也有不利之處。例如，現代歷史學家為了斷定原因而採用精確原則，因此太常排除掉那些意外登上歷史舞台的角色。❶

——唐．勒龐（Don LePan），《西方文化的認知革命》（*The Cognitive Revolution in Western Culture*）

我不是為了想寫一本銀行家的書，而寫了關於傑米．戴蒙的著作，我是因為金錢太誘人，才寫下關於傑米．戴蒙的書。《最後的生還者：傑米．戴蒙和摩根大通的崛起》（*Last Man Standing: The Ascent of Chase Last Man Standing: The Ascent of Jamie Dimon and JPMorgan Chase*）於二〇〇九年六月由Simon & Schuster公司出版，這本書獲得商界人士的好評，但自由派知識分子抨擊我厚顏無恥，在舉國對金融業恨得牙癢癢時，竟敢寫出一本給予銀行家正面評價的書！

的確，在我寫這本書時，許多人決定讓傑米．戴蒙成為承擔金融化社會一切問題的替罪羊，他畢竟是世上最具影響力的銀行家之一，也是同等地位者中最直言不諱的人。但我告訴你我怎麼想：儘管人們想將戴蒙看成一個壞蛋，但他並不是那種人。我曾直視他的雙眼，並看見他的靈魂。

沒錯，戴蒙運用他的權力成為「數字堆之王」，但那正是銀行的本質，也就是**堆積如山的數字**。那是我們組織自我的方式，我們需要成堆的數字表現，好讓一切事物看起來簡單明瞭。而且，戴蒙比有史以來任何人更擅長這件事。然而戴蒙不是個惡魔，他只是另一個活在這個量化現實中的人，他只是比大多數人更知道如何去量化現實。

***

在我將那本書交給Simon & Schuster出版社的編輯不久，他問我接下來想寫什麼。我不知道，所以他給了我一個點子。《最後的生還者》中有一段內容寫到，戴蒙批評了那些過度依賴管理顧問的公司執行長。他的觀點令許多公司老闆感到無地自容，但有個例外：「麥肯錫公司除外。」他說，「他們不一樣。」對管理顧問所知有限的我將這段話放進書中，儘管我有一位兄弟自己經營了一家大型顧問公司。

「你對麥肯錫知道多少？」編輯問我。「一無所知。」我回答。我記得大學畢業後我曾到麥肯錫面試，但沒被錄取，我倒沒有因此怨恨他們，因為我寧願後來被高盛給錄取了。如今過了十五年，我確實對他們所知不多。編輯要我研究一下這家傳奇的顧問公司，然後說出我的發現。

我發現的事令人驚訝：麥肯錫是史上最具影響力的專業服務公司，但在二〇〇九年時，他們還不到家喻戶曉。當時如果你問人知不知道麥肯錫公司，他們很可能將它與二十世紀中期研究性學的金賽報告混為一談。但這不表示麥肯錫不具影響力。時間快進到二〇一九年，此時該公司因為前總裁候選人布塔朱吉（Pete Buttigieg）在麥肯錫的經歷而上報，二〇二〇年，麥肯錫因涉入鴉片類藥品醜聞而引起大眾反感，而即便在那時，多數人也仍然不知道麥肯錫公司，因為麥肯錫一向低調，在業務上刻意秘密運作。

某種程度上，麥肯錫就是以前的IBM，包含了一群成就大於預期、令人害怕的循規蹈矩者。由於之前沒有人寫過這家百年公司的歷史，因此我十分感興趣，寫了提案告訴Simon & Schuster公司，麥肯錫的影響力高於任何人的理解。（也就是說，除了《商業週刊》的約翰·伯恩〔John Byrne〕和《財星》雜誌的約翰·休伊〔John Huey〕，他們多年來寫過不少關於麥肯錫的出色報導。）此外，不同的作家也在書中提到麥肯錫，談到這個美國東北部頂尖的金融機構，但從來沒有人寫過一本關於麥肯錫本身的書。理由很明顯：麥肯錫的運作極為隱密，也拒絕接觸任何他們無法控制的作家。

我告訴Simon & Schuster公司，不管麥肯錫願不願意合作，我都會完成這本書。後來出版社同意了，於是我獲得了下一本書的寫作合約。我們決定在不告知麥肯錫的情況下進行寫作調查，而且我等了一年之後才開始接洽這家公司。

麥肯錫最終願意合作，還給了我極大的方便，我後來發現，他們從頭到尾都知道我在做這件事，卻沒有因為我的保密而懲罰我，反倒斷定我可以被說服，而不至於完全對他們投以負面觀點。畢竟我那本報導傑米・戴蒙的書多半是正面論述，以及，我的履歷上寫著華頓商學院和高盛公司。

我對麥肯錫有何看法？在內心深處，我覺得他們是穿著體面的江湖郎中，但我書裡可沒那麼寫。我寫了一些你可以描述為「公正持平」的東西，多虧了梅鐸（Rupert Murdoch）、艾爾斯（Roger Ailes）和福斯新聞（Fox News），這個用語當時風行一時。就如同我第一本書的作法，我將《你所不知道的麥肯錫：麥肯錫的故事及它對美國商業的秘密影響力》（*The Firm: The Story of McKinsey and Its Secret Influence on American Business*）寫成了一部編年史。問問任何一位非小說作家，他都會告訴你寫一本主題嚴肅的正經書很難，尤其當你還是個新手。如果你用日曆之類的東西作為架構，在上面掛滿一切，那麼要組織想法時就會有壓力。好比說在這本書中，我寫到麥肯錫歷史中的所有重要時刻，就將它們置於亨利・魯斯[16]所稱「美國世紀」的時代脈絡下。

當時我寫得非常辛苦，在聚焦於必要的問題時——**麥肯錫作為世界上索價最高昂的顧問公司，它值這個價嗎？**——我退縮了，並決定用問題來回答。**對誰而言是值得的？**我問，然後寫出答案。

對於花別人的錢雇用他們的執行長來說，是值得的。對於雇用他們的公司來說，有時是

值得的，但這取決於他們給出了什麼建議、公司是否遵循，以及結果如何。簡言之，這要視情況而定。至於，對於上述公司的員工來說，則通常不值得，因為他們立即處於被解雇的風險。麥肯錫是我所說的「有史以來最擅長將大規模裁員正當化的機構」，因此當麥肯錫現身，員工一定要感到害怕。

那麼，對社會來說值得嗎？我問，這回我又退縮了。

如果你重視效能與合理性勝過一切，那麼是值得的，但如果你重視美、真相、創造力、公平公正之類的事物，那麼情況可能並非如此。

因為某種理由，我不能大喇喇地宣稱我重視真相勝過效能，我只能勉強接受：情況得視你重視什麼而定。

那本書賣得還不錯，特別是在海外，但評價兩極。商業媒體似乎喜歡這種講述一個具影響力且

16 譯注：亨利・魯斯（Henry Luce）為美國出版商，《時代》、《生活》和《財星》等雜誌的創辦人。

行事隱秘的機構的歷史，不過有些人批評我在重要問題上立論空泛。我沒說錯，事物的價值視情況而定，這個問題取決於以下問題：對誰而言？但我大可以用否定的答案來回答——麥肯錫**對社會**的價值——並且就此打住。事實上，麥肯錫無益於整個社會，他們使人們專注於某些可以計數的事物，代價是犧牲掉那些無法計數但更重要的東西，讓人們變得更貧瘠。

＊＊＊

如果不算上我代筆的書，我署名為作者的正經書共有四本：《最後的生還者》、《你所不知道的麥肯錫》、《金色護照》和《零摩擦》。我在展開每本書的寫作計畫時都有點遲疑，這點我從未告訴過編輯。事實是，我不確定自己真的想寫這些書。然而我不知道我真正想寫什麼，所以我只好寫點出版社會買單的東西。（關於寫書的理由，如果你能想到的最好理由是有人會付版稅給你，那麼在這場爭奪你的靈魂的戰役中，數字肯定會戰勝文字。）

好消息是，在寫每一本書時，一旦我開始著手，就會發現這個主題比我原本以為的有趣多了，麥肯錫也不例外。我寫了一本有關暗藏影響力的書，當時我並不知道這股影響力有多麼深遠，當然我早就深刻理解到麥肯錫的影響力不僅及於商業界，也及於整個社會。

在寫到那些我並不特別欣賞的成功人士時，我總提醒自己，我的角色不是去批判他們。（真是胡說八道！那時我可說毫無死角地批判別人，完全不留餘地！）當然，只要某人不犯法，或者沒有公然以不道德的手段行事，那麼我會放過他。直到我寫《你所不知道的麥肯錫》一書之後，我才明白一個人不必犯法，也能發揮具有腐蝕性的影響力。好比說，他可以當著大家的面這麼做，同時堅稱他只是一個按委託人命令行事的僕人。

當然，我沒有在《你所不知道的麥肯錫》中寫下這些事。為什麼？因為我害怕。我的意思是，我沒有害怕到完全隱藏我對他們的不良評價，但我害怕將這本書寫成彷彿我們可以利用利弊得失的總帳，來評估他們的影響力。事後回想起來，我明白除了那些尋求降低成本的老闆，或者那些不知如何決策的執行長，我們其他人都應該反對麥肯錫，因為他們沒有將社會的最大利益放在心裡，他們是寄生蟲，而且以某種方式說服了我們，說他們有益於我們的福祉。

不僅如此，麥肯錫還將資本主義最壞的念頭灌輸到我們的思想中，那就是不斷將每件事物給「商品化」的欲望。麥肯錫假借傳播最佳作法的名義，偷取那些他們無法靠自己生產出來的東西，然後賣給別人，彷彿那是他們自己創造出來的。這就是商業模式，這家公司生產你所見過最缺乏原創性卻最自負的人。然而，人們還是不停雇用他們？為什麼？因為我們害怕，而麥肯錫知道如何一方面嚇唬你，一方面又承諾照顧你。麥肯錫販賣建議，同時免費贈送恐懼。❷

＊＊＊

寫完那本書時，我穩穩建立起「商管作家」的名號。在找尋新點子時，我曾與我寫《你所不知道的麥肯錫》時的一個消息來源共進晚餐。「我不知道接下來要寫什麼？」我說。「這不是很明顯嗎？」他回答。情況的確如此，如果考量到我的選擇必須有某種前因後果的話。他說，「你應該寫有關哈佛商學院的事。」

他說得沒錯，這確實很明顯。戴蒙上過哈佛商學院，而麥肯錫公司自一九三〇年代以來雇用了越來越多哈佛商學院的畢業生，並對該學院發揮了極大的影響力。我的第一本書寫到個人，第二本寫到私人機構，所以第三本應該要關於教育機構，這期間有一條明顯的脈絡穿梭其間，而我自己竟然沒看出來！

事後回想起來，我知道原因：我從未真正想要寫下前兩本書，所以我如何能看出我不想寫的第三本書？我們很難去發現那些自己不想尋求的東西。雖然我從未明說，但我不想再寫一本書來談論那些與數字打交道的人。

不過我壓下內心的疑慮，還是堅持地寫下去，我相信會有出版商上鉤。歷來有太多有關哈佛商學院的書，但作者多半是醉心於資本主義的局內人。評論者對於《你所不知道的麥肯錫》的批評讓我有點惱怒——他們竟不能讀出言外之意，並感覺到我對麥肯錫的鄙視——因此我決定這回要把事情做對。我要說出我對哈佛商學院影響力的確切想法，以及它所創造的東西，那就是「工商管理碩士工業複合體」（MBA Industrial Complex）。

我已經知道我要說什麼，因為工商管理碩士和顧問是同一硬幣的兩面：這些分析師認為理解現實最好的方式，就是透過量化和抽象概念。意思是，他們沒有人喜歡實際**做事**，他們更愛**分析**事情，然後將做事情的髒活丟給別人。我要批評哈佛商學院扭曲了我們的青年和國家的心靈。（當然了，他們不全然是壞人。要塞研究院〔Presidio Graduate School〕的榮譽院長那瑟〔Ron Nahser〕最近告訴我，他想讓他的學校成為商學院中的「霍格華茲」。我贊同他的雄心壯志。）

四年後，《金色護照》（*The Golden Passport*）一書出版。評論者喜歡這本書，因為我無情地抨擊了哈佛商學院。我寫道，這所自詡處於領導地位的學校根本是貪婪和不道德的溫床！《金色護照》出版的前一週，我最喜歡的作家之一馬修．史都華（Matthew Stewart）在《華爾街日報》寫了一篇熱烈的評論，我以為一切終將順風順水，這本書會大為暢銷，出版社甚至在書上市前就會開始安排二刷。唉，事實證明，關於哈佛商學院的書也不盡然會大賣。

在寫那本書時，我發現最令人吃驚的事物是一種根深蒂固的權力，我竟和其他人一樣相信「美國是一個由菁英領導的社會」。我認為我多少算是一個菁英典型，但事實更為簡單明瞭：在美國公司以商學院作為外包人力資源部門的情況下，我清楚地看見權力的韁繩如何在美國的東北部，以及最終在全世界，從白人男性手中代代相傳。

當時我以為我終於知道如何成為一名真正的作家。為了寫那本書，我把自己鎖在家裡六個月，週末才出門做瑜伽和上雜貨店，每隔一個週末開車接送女兒。就心理角度而言，寫《金色護照》是我所做過最辛苦的事，我將整個世紀的美國商業史塞入腦袋，而往往直到下筆的前一刻才消化掉大部分的重點。我以為寫作困難是因為這是個複雜的題目，但我錯了，寫作之所以困難，是因為我打從心裡不想寫這本書。

我怎麼知道的？以下列出寫這本書所需的物品：咖啡、每天四到六罐紅牛能量飲料、每天半包至一整包萬寶路淡菸、每天四至六塊太妃糖點心餅、兩粒阿得拉爾（Adderall）藥丸、兩杯冰沙（以爭取效率），以及晚餐的牛排。連續幾個月天天如此，最後寫完書時，我只能推測我是因為初期胃潰瘍而垮掉。在這裡提醒一下各位有抱負的作家：如果你發現自己在努力寫書時採取上述飲食，那麼你寫錯書了，請馬上停手。

我從《金色護照》中學到的另一件事，是即便某種行為可鄙，但身為描述該行為的作者，我也可能會變得卑劣。我說服自己可以用義憤的態度寫作，只要那些承受怒氣者最後罪有應得。但我錯了，我在書頁上噴吐了太多毒言毒語。我不是說我的主旨站不住腳，它們確實有憑有據，我是說，我其實可以用比較不帶敵意的語氣來寫作。如果你討人厭，那是絕對無法與人溝通的，即使你說出了有價值的話。我一生中花了太多時間去抨擊別人，但其實我可以有不同的作法，讓人們知道如何集中注意力去做喜愛的事，從而享受人生。我認為我現在正在這麼做，但我可是花了近一千頁篇幅寫下有關MBA的事讓自己噁心到想吐，才明白我再也不要這麼做了。

* * *

我的下一本書是與克莉斯汀．勒繆克斯合寫的《零摩擦》。十八個月期間，我們到處採訪一些做出驚人之舉的有趣人物。克莉斯汀是一顆超級星體，強大到足以將我拉出軌道，進入她的軌道。當時我並不明白，但克莉斯汀邀我和她一起進行訪談，而她扮演撬開達夫．麥當諾的角色。等我醒悟過來，我將注意力轉回到由我獨力完成的下一本書，並為了全體人類的利益，著手找尋別的攻擊目標，用我的火箭筒加以瞄準。當我與別人合著，我的寫作風格可能像個好好先生，但一說到個人招牌，達夫出手招招斃命。

話雖如此，當時我確實打算做點調整。我決定針對**壞思維**本身，而非**壞蛋**本人。到底是什麼樣的思維？為了弄清楚問題，我開始思索——關於我之所以鄙視麥肯錫公司和哈佛商學院的背後原因。以下是我要批判的東西：麥肯錫和哈佛商學院的共同之處在於，他們相信量化的現實。他們是「數字包含了真相」這個概念的化身和皈依者。事實上，數字並不包含真相，只包含數字自身。

所有重要的事都不可能被量化，但我們為何花這麼多時間數算東西？我指的是美、正義、公平、真相和愛。我們之所這麼做，是因為**數算東西比了解東西更容易**。當新冠疫情之類的事情發生，我們埋首於大肆蒐集資料。為什麼？不盡然因為我們認為解決新冠問題的答案是數字，而是因為我們早已處處認輸，需要靠數字來指導我們。當有人問你，某件東西有多大的**價值**，答案不必然是數字。請問在你最需要時，一個微笑有多大的價值？

我們讓數字指導我們的理由是，這麼做很容易，而且可以產生一種確定感的假象。也因此，我們會為了追逐金錢而踏入使我們厭惡的職業，並對經驗麻木無感。（數字〔number〕和麻木〔numbness〕甚至可以說並沒有那麼不同。）

我們不太談論「微笑」的實際價值，因為你無法數算，你必須利用文字，而為了表示不可計量的事物的價值，你需要在意你說的話。儘管大多數富於思想的人都知道玫瑰的美勝過計算機，但我們已經變成一個算數的社會，而非想要了解事物或欣賞它們固有的美。我們計算新冠肺炎，是因為不知道除此之外還能做些什麼。

* * *

我和喬伊談到我一輩子裡所感受到數字與文字之間的衝突，她提出一個我一直沒有想到的關連：我那許許許多令人失望的人際關係，起因於人們誤以為我是個跟數字打交道的人（也就是跟**錢**打交道的人）。這不是他們的錯，因為在我身上的確顯現出這兩種標記。我向那些誤解我的人抱歉，我在這場騙局中參了一腳，即便我無意這麼做。

好吧，讓我們回到「數字VS.文字」的問題。我認為我故事中文字與數字之間的爭鬥相當有趣，然而如同我先前說的，這不只是我個人的事，而和每個人有關，因為我們全都淹沒在數字裡。價格、價值標準、調查報告、民意調查、指數、票房、比賽結果、分數、薪資、估計、總數、信用度、比讚、卡路里、元、分、世界紀錄、時間表、預，預測、統計資料、分析、「研究」等，一切都被量化了。我們到底為什麼需要**大數據**？在數字中，我們想找尋什麼在別處找不到的東西？我們在找尋**意義**。為什麼？因為沒有人能自在地處於現在。如果你無法自在地處於現在，你會進入想像的世界，而那裡是數字最能發揮作用的地方。

我和別人一樣受到數字的吸引，因為數字提供了「控制」的假象。如果說生活是個巨大的未知、一連串滾動中的不確定性，那麼數字提供了讓某些事情塵埃落定的承諾。當然，你的財務生活與數字全然脫不了關係，但你的個人生活可以，如果你願意：

我有多重？

我跑了多少英里？

我睡過多少女人？

我有多少張巴布·狄倫的專輯？

你打斷我多少次？

那部電影多少天後上映？

巴別塔圖書館裡有多少本書？

> **一隻拍打木頭的土撥鼠能拍打多少木頭？**[17]

* * *

二〇二〇年四月，我讀到維拉諾華大學（Villanova University）人文學科教授麥卡拉赫（Eugene McCarraher）寫的《瑪門魔法》（*The Enchantments of Mammon*）一書。當我放下書，我終於明白美國的靈魂及（擴而大之）這個世界的靈魂發生了什麼事，當時我完全沒想到這個新領悟與我有關。

我寫了一封短信給麥卡拉赫，請求和他談話。我告訴他我是誰，提到了《金色護照》和我的「精準悖論」寫作計畫。我想在我的下一本書中介紹他那傑出的著作，我詢問他願不願意和我聊聊？他沒有回應。

幾個星期後，我將最後的潤稿放在某個網站上展示，結果發現了一篇對《金色護照》的評論……正是尤金．麥卡拉赫寫的。事情令人尷尬，我寫給他的電子郵件中並沒有提及他的評論，更糟的是，在評論的末尾，他對我發出嚴厲的批評：

> **該做些什麼呢？此處麥當諾令人失望！在以如此長的篇幅暴露了該學院自詡明智的欺詐後，他仍然期待該學院帶頭進行商業的道德改革。麥當諾以自己的方式重申了一件連他**

自己都十分懷疑的事：仁慈的資本主義菁英的理想典型。

我多少領教過一些不好的評論，但這則評論刺痛了我，因為他說得再正確不過！我退縮了。痛苦只持續了幾週，因為麥卡拉赫的批評使我意識到我真實的想法：商學院應該被廢除。我確實這麼認為。但我在書中下結論說，我應該遵從可能的前題。換句話說，因為在我看來，廢除商學院似乎是件極不可能的事，所以犯不著浪費時間討論。這麼說是錯的。為什麼？因為任何事都有可能發生，我應該順應對這個國家、對人類本身最有益的前景，結束這個假把戲，展開新的事物。

＊＊＊

人類的重大誤解之一——就我個人的淺見——就是相信自己是個例外。我就是那樣，但我不是唯一的例子。我認為最能掌握這個概念的書是丹尼爾．昆（Daniel Quinn）的《以實瑪利》（*Ishmael*）。這本書描寫一個人與一隻猿猴的長時間對話，內容直擊心靈，所有人類都應該讀一讀。

17 譯注：本段引文來自一首趣味的英語繞口令。

但等等，讓我改寫那句話：我們確實是例外，只不過不是我們以為的那樣。我們並不比其他生物優秀，我們不如牠們。我們的確是「例外」——是這個星球上唯一不再看見自己與整體關連的生物。我們利用上帝賦予的大腦建立了自我意識，結果迷失其中。近來，我們利用數字在自己的內在世界周遭築起高牆，將自我與外在世界隔離。事實上，在這個世界，一切都有關連。

喬伊對我說：「這世界把褲子前後反著穿了。」「說得真妙」，我回答，「我要在書中引述你的話。」但這句話不是她的原創，而引述自「印度野聖人」迦比爾（Kabir）。我希望有一天人們會這樣說我。（我是指「野」的那部分，因為人人都是神聖的。）

如果我告訴你有關上帝的真相，你可能以為我是個笨蛋。
如果我對你謊稱有關美的事物，你可能拉著我遊街，大喊「這傢伙是天才！」
這世界把褲子反著穿。
大多數人將他們的價值觀和知識裝在一個破了個大洞的罐子裡，從而清楚理解局勢。
近來如果有人問我任何事，我一笑置之！

——迦比爾（約一四四〇～一五一八年）

＊＊＊

數字可能是個有用的東西，在許多情況下，數字會幫你掌握對於某事物的整體感覺，但它們絕對無法一路帶領你。

想想運動團隊。美國運動迷特別執迷於統計數字，常常如對待聖典那般地研究數字，找尋隱藏在背後的意義。事實上，他們愛死了這件事，甚至以相關的統計數字為基礎，創造出一種完全想像中的運動聯盟，也就是所謂的「幻想運動聯盟」。在這些聯盟裡，重要的是統計數字本身，而非真實的人或真實比賽。我們是怎麼了？

大家都知道統計數字不一定能告訴你關於某支隊伍你需要知道的事，雖說最強的隊伍往往擁有最佳的統計數字，但籍籍無名的隊伍成為聯盟冠軍也並非不尋常，儘管他們違反了或然性，達成我們常說的不可能的任務——處於劣勢者贏得勝利。當然，這麼說恰恰是錯的，因為那些不大可能的勝利顯然真的可能發生。在此，我想到道格拉斯（Buster Douglas）在拳擊賽打敗了泰森（Mike Tyson）。如果只看統計數字，你無法預見這種顛覆性的結果。那場比賽中發生了數字無法解釋的事，我們往往稱之為「心」，你也可以稱之為「愛」。

當我說文字比數字更有力，我是認真的。讓我舉個例子，安德烈斯基（Stanislav Andreski）在一九七三年出版的《作為巫術的社會科學》（*Social Sciences as Sorcery*）一書中，用六個單字的一句話證明了文字包含了意義，發揮了深不可測的力量。

比較年輕的讀者在這裡可能需要一些背景說明：當美國總統甘迺迪於一九六三年十一月二十二

日遇刺，警方立即鎖定一個名叫奧斯華（Lee Harvey Oswald）的可疑份子，他透過俄羅斯和古巴與共產黨有來往。然而，奧斯華在罪行確立之前，被一個名叫魯比（Jack Ruby）的人給射殺。有人認為副總統詹森涉案，也有人認為那是黑幫的暗殺行動，說不定跟瑪麗蓮．夢露有關。一份二〇一七年的民調顯示，只有百分之三十三的美國人相信奧斯華暗殺了甘迺迪，儘管這種民調不太有意義。這麼說就夠了：關於甘迺迪遇刺案，當時沒有達成一致的意見，至今仍然莫衷一是。

接下來是我說的那句話，當中的六個單字包含了許多意義：

奧斯華沒有殺死甘迺迪（Oswald did not kill John Kennedy）。❸

安德烈斯基首先指出，這句陳述非常中立，絲毫沒有暗示說話者對於甘迺迪遇刺感到高興或驚駭，也沒表示出奧斯華不是兇手是個好消息，或者壞消息。如果不特意檢視，它可能只是一句不做道德評判的陳述，相當於說：「那隻猴子吃了一根香蕉。」

但所有研究美國歷史的人都知道，誰殺了甘迺迪這個問題含有價值判斷在內。的確，這句話飽含了價值判斷。就算你沒有就這句話的意義進行推論，你只需將這句話置於美國政治討論的脈絡，你馬上會認為你在處理以下情況：(a) 陰謀論者。(b) 可能真的暗示副總統詹森是幕後黑手的某人。(c) 認為黑幫是幕後黑手的某人，或許因為涉及了與瑪麗蓮．夢露的三角戀情。(d) 確實知道關於 (b)

或(c)內情的某人。(e)史蒂芬．金，他以這個主題寫了他最好的一本小說《*11/22/63*》[18]。或者，(f)只是想要惹惱你的某人。

人們說，一張圖片勝似千言萬語，但我要讓你知道，幾個文字也不輸千言萬語。當我們問到某事有何意義，我們是在問它的本質，這是非常深刻的東西。相較之下，數量只是表淺的屬性。一個字可以代表許多事物，而數字就只是數字，代表了一件事物，僅僅一件事物。只要想想數字竟然勝過文字，就令人感到驚訝。或許是因為計數比了解事物容易多了，因此我們數了又數。問題是，我們沒有時間去數算深刻的意義，而同時，你錯過了眼前正在發生的事。

你現在要做什麼？

聽起來好像我開始要表現得高一人等了，且讓我回歸正傳。在我讀到麥卡拉赫對《金色護照》的書評中那些辛辣結論的同時，我對於寫《精準悖論》的基本理念喪失了信心。他用短短幾句話揭露出我只是個空洞的評論家，我在浪費才智去批評一個壞的概念，卻沒有提供出好的概念。這問題不只限於我的寫作生涯，還出在我身上。

18 譯注：《*11/22/63*》是美國現代恐怖大師史蒂芬．金（Stephen King，1947-）的著作，書名來自甘迺迪被刺殺的日期。

當我背離了自己的真實信念——商學院應該被廢除——並接受這是不可能的結果，我便拋棄了「可能性」；寫書時這麼做，會獲得錯誤的結論，而在生活中這麼做，結果就是自絕於生命的無限可能，成為一個缺乏想像力的囚徒。

我知道這個結果，因為我曾經歷過：我被自己運用數字和寫數字題材的能力給蒙騙了，讓「確定感」悄悄滲透了生活和寫作。當你確定你是對的，你會遇見許多你認為是錯的人；而當別人都是錯的，你就會生氣。因此，在我人生的大部分時間裡，我一直顯得怒氣沖沖。

四月時，有什麼東西突然砰地一聲裂開了！

你知道接下來發生什麼事嗎？

我開始聆聽。

但時機尚未成熟，還不是開始寫「新的我」的時候，要甩開舊的我不是一件易事。我接下來要告訴你，我是如何與數字共謀，設法打造我的事業，即便我打從心底討厭這麼做。數字對我做了什麼？首先，數字使我相信過去和未來的存在，轉移了我注視現在的目光。你知道接下發生了什麼？我的整個人生支離破碎。

第二部分

現實印記

的確，對某事件的記憶不能被認為是該事件本身，期待也不能。

現在的事件有其非比尋常的獨特之處，

那是以前或將來的事件所不具備的。

現在的事件有某種活力，一種現實性，

像被照亮那般引人注目。

它有著真實事物的「現實印記」，

那是過去和未來所沒有的。

——室利．尼薩加達塔．馬哈拉吉（Sri Nisargadatta Maharaj），

《我是那》（*I Am That*）

第六章　時間陷阱

別害怕明天。上帝已經在那裡。

——不具名者

知名作家史蒂芬．金的《局外人》（*The Outsider*）中有一連串的對話始終貫穿整本書，那就是關於宇宙盡頭的話題。偵探安德森（Ralph Anderson）在與友人吉伯尼（Holly Gibney）談話時不停回到這個話題：「我當時在思考宇宙的事。」他說道，「宇宙確實沒有盡頭，有嗎？而且沒辦法解釋？」「沒錯。」荷莉回答，「甚至沒必要解釋。」

我不同意。我認為我們可以試著解釋，甚至能加以理解：

宇宙就是現在。
現在，是所有的一切。
再無他物，沒有過去，沒有未來。
唯有現在。
所以宇宙顯然沒有「盡頭」。
因為現在絕不會結束。
此刻永遠是現在。

「時間」這樣的東西並不存在，唯有現在存在。如果你陷在過去或未來，你是受困在你的心裡，因而錯過了現在。試圖去量化「存在」的行為和思維，會讓我們受困於過去或未來，因為這麼做我們自然會心繫於那些所蒐集的數字，並想著（在未來）如何能改變這些數字，或者（自過去）某個時刻以來，這些數字如何發生了改變。

因此，當我們試圖用數字描述**現在**，我們立即讓心思漫遊於未來或過去，換言之，當我們訴諸數字，我們就進入了想像的世界。如果我們想待在現在，我們必須運用文字語言，只有語言能將我們固定於此時此刻，幫助我們理解現實。

當我們運用文字，就等於努力去超越想法中的不確定性，因為你無法確切知道我在想什麼，我也無法肯定你在想什麼，但如果我們來談數字，二或者二十五？我們肯定能一致同意：我們都在思考數字二或二十五。

但是，數字無法用來理解事物的本質，所以如果只是談談數字，即使是在現在，我們所做的無非是同意專注於表面的處境。（例如：目前為止已經下了兩個小時的雨。）然而，我們的目標應該不只是簡單地描述處境。首先，處境通常是不言而喻的，再者，描述某事並不等於知道如何處理它。因此，我們需要文字。

文字向來以優於定量測量情勢的方式，幫助我們發展、辨明和描述我們的意圖。例如，「我體重一百八十磅，我想減掉十磅」所傳達的意義，遠比不上「我的體重超過健康標準，我想讓體態好看些。」這樣的敘述來得深刻。此外，第一句話的精準度也有問題：如果你只減了五磅會怎樣？如果以十磅為參考值，減重會以失敗告終。但用了第二句話，我們就成功了。可見「精準」是個數字陷阱，如果我們想到達目的地，就得避開這些陷阱。

那麼目的地在哪？這便是謎題所在。我們想到達的地方就是**這裡**和**此時此刻**，而沒有任何數字能充分地理解**現在**。為什麼？因為現在是無限的，無法被定量地捕捉到。

在我們所創造的一切工具中，數字、數學和科學是最強大的工具。數字或許能告訴我們發生了什麼（並非真正重要），或可能發生了什麼（永遠是猜測），但絕對無法告訴我們**現在發生了什麼**，因為一切正在發生中，有許多東西需要計算數量。一旦開始數數，你所談論的「**現在**」就消失了，留下你徒勞地數算著過去。不僅如此，由於數字天生的空虛本質，它們會大聲嚷嚷要求與另一個數字做比較，以為在相對之下就能產生意義。

你可知道中世紀的人跟現代人的時間觀念並不相同？在《西方文化的認知革命》一書中，勒龐指出，如果現代人無法想像時間會停止，那麼，中世紀的人也無法想像時間是無限的。❶請思考一下，我們的時間感是從文化而來，而非現實的某個層面，現代的線性時間觀是我們發明出來的東西，但在古代，人對時間的理解比較像東方宗教所理解的，是一個循環不已的概念。

許多個世紀以來，人們的時間感更像一種主觀的定義。如果你要和人開會，你們必須對何時開會達成一致的意見。就像金錢將價值標準化了，鐘錶也將時間給標準化了，你需要知道精準的時間，只因你得照按時間行事。如同小說家福斯特（E. M. Forster）在《霍華德莊園》（*Howard's End*）中寫的：「他為了已經過去的五分鐘和尚未到來的五分鐘而活著，他具備了商業頭腦。」❷如果你能自行做決定，那麼「現在是幾點」就不那麼重要了，你跟自己開會總不可能遲到。好吧，你當然可能遲到，我直到四十九歲才跟自己開了會——幾乎遲了半個世紀。怎麼說呢，我坦白告訴你，主要是因為酒精。

就像我的大多數同儕，我從高中就開始喝酒，一路喝到上大學，直到二、三十歲。酒精是一種鎮靜劑，它會讓中樞神經系統變得遲鈍，當你飲酒過量，你講話會含糊不清，動作不穩，反應變慢。換句話說，你不再處於現在而是落後了半步（或者更多），來不及趕上存在本身的行動。

接下來的事情有點曲折，如果你喝了太多酒，就是將自己逐出此刻當下，這和頭痛、虛脫、羞愧的後果有著幾乎相同的作用。當你宿醉時，你不可能真正地處於現在，你因為痛苦而過度分心。所以，如果你喝了太多酒，你很快就會發現你根本沒有活在當下。這是個問題，因為「現在」是發生一切事情的地方，如果你沒有活在現在，你根本不知道自己的生活中發生了什麼事，而這正是我的境況。

在我大半的喝酒生涯中，我知道情況失控了，因為我老是出錯。大家都說我喝了太多的酒，我也這麼告訴自己，但我為何繼續喝酒？我要歸咎於數字。我這麼說並非試圖撇清責任，我只想告訴你那些發生在我內心的事，使得我很難戒酒。

在此我代表自己發言，但也可能我在替你發言：我在生活中找不到真正平靜的原因，是因為我讓這個永遠追求量化、精準和確定性的文化，將我拖進某個我以為事情可以解決的地方；但那個地方並不存在。事實上，一切事情都是流動的，包括我們的身心。我（或任何人）的生存狀態——身分、思維、肉體——沒有任何一部分具備了永恆性，我們總是在變動。這正是問題的根源：我們告訴自己的那些故事，與經驗本身大相逕庭，換句話說，那只會造成認知失調和種種不舒適。我不快樂的根源在於，即使我知道那不可能，但我仍然相信著，彷彿生活不僅可以追求精準度，而且這種精確的概念值得嚮往。後來我才知道，我們需要的只有自由。

然而，數字不提供自由，只提供確定性的假象。高中時我一直名列前茅，直到最後一年提早被大學錄取，於是我開始鬆懈。我從學業成績斷定我是班上最聰明的學生，我是班上第一名的學生。數字，如同我告訴你的，只包含了它們自己，如果深入看待數字，你只會看見幻象。

同樣的事發生在我就讀大學時期。我一路喝酒喝到茫茫然，但我設法在一所長春藤聯盟大學取得了3.93/4.00平均積點分[19]。我從這些成就中總結出什麼？我比別人都聰明。

如果你自認是周遭的人之中最聰明的一個，你將來注定成就大事。更確切地說，我對數字很拿手，所以我大量販賣「確定性」，例如撰寫有關這件事的百分比或那件事的估算值。當你運用數字（那恰恰是它們的本質），你能給出一個很精準的陳述：那檔股票下跌百分之七點五；那些企業碩士比一般人多賺百分之三十。然而，當你花時間談論精準的事物，你會變得混淆，以為從中感受到的確定性都能延伸到生活領域，好比說，當你和別人爭論你喝多少酒是否可行的這類問題。確定性是一種感覺，對吧？如果你因為運用數字而習慣於確定感，你可能犯了一個錯誤，並且從許多不適合的地方獲取那種感覺。

我對於數學的直覺理解力優於多數人，我這麼說不是自誇，而是要指出我的確定感根源不僅與我本人有關，也與未來對我而言包含了很重要的事情有關。我沒有自大到偏狹的程度，但我明顯是那種知道自己對周遭事物有些什麼看法的人。然而，我的確定感很少與我此時此刻正在做的事有關，因為那不重要，我認為只要控制好喝酒這個小問題，一切都會好轉。

如果數字是真實的，那麼預言就是真實的。如果預言是真實的，那麼計畫就是真實的。如果計畫是真實的，那麼未來就存在，這麼一來，你就有理由不必花心思在此刻正在做的事上。可惜，未來並不存在，唯一存在的是現在，如果你選擇像我一樣將時間用來喝酒，結果就是虛擲整個人生。

＊＊＊

在深入探討「時間」這個觀念之前，我想稍微談談因果關係。往後幾章我會回到這個話題，但我認為應該從頭將事情說明白。「自我」是將意識與身和心連繫在一起的東西，也是發生在你身上的事情的始作俑者，因此沒有自我，時間便不需存在。這是什麼意思？當你試圖為某件事找理由，你會聲稱先前已經發生了某件事，也就是說，你假定了時間的存在。

我做了這件事，結果發生了那件事。

你可以說那是自我的本質，在任何情況下，某事或某人是另一件事物的**起因**。當我們受困於自己的身心，我們試圖將發生在身上的好事歸功於自己，也試圖將壞事歸咎於別人。但任何一者的可

19 譯注：美國學生各科成績的總平均分數，優等為5分、甲等4分，以此類推。

信度——**我造成這件事，或者你造成那件事**——取決於試圖尋求精確原因的偏狹意識，但現實中，這類事情並不存在。人生是複雜的，當我們想居功時便全然忘了這個事實，而將因果關係看成有如白晝般清晰。

但是，假使宇宙中存在著更高的秩序——基本的統一或整體性——那會怎樣呢？假使每件事之所以正在發生，只是因為每一件已經發生過的事，那又會怎樣？我知道這聽起來很複雜，但我想說的是，這比試圖對一切事物進行精準分析簡單多了。

當我們將這個結果歸之於某個原因，我們是將事情給過度簡化了，因為某個原因也出自於某個原因，而這個原因同樣也有自己的原因。不僅如此，事情的發生不會只有單一原因，它是因為已發生的一切而發生。如果你在找尋事情的單一原因，那只會有一個，那就是創造的無來由，或稱上帝。

順便一提，我無意對你大談宗教，我只是指出，每當我們試圖表明某件事的單一原因，就等於**間接**且**不成熟**地去理解問題，就像隨便瞥見沙地上一條任意走向的線，彷彿一切的存在從我們偏好的原因出現那一刻才開始。

要擺脫這個困境，唯一的辦法是完全摒棄因果關係，乾脆地接受事情之所以發生，是因為它們就是發生了；尤其當你談及創造時。因為創造沒有原因，它就是自動自發且毫不費力的發生了。這不但適用於說明整個宇宙的創造力，也適用於在我們每個人體內流動的創造力。而受孕時刻就是這股力量的終極表現，這時兩個宇宙結合，創造出第三個宇宙。

當然，上述的錯誤觀念並沒有阻止我們試圖塑造出一切事物，直至最終的變數來臨，我們從而獲得了「複雜系統」的概念。機器是一種複雜的系統，我們了解機器，是因為我們發明了它們，也因為它們是「封閉」系統。然而，當社會科學家說起社會上的「複雜系統」，彷彿他們理解到了其他人不懂的東西。其實他們根本不理解，否則不會試圖塑造這些系統。

那些帶給我們混淆理論的人，以為看見了這個複雜系統混亂表面背後的某種秩序，但他們錯了，他們試圖使這些混亂屈服於數學。然而，數學無法理解全局，因為我們無法用一種不適當的工具，去理解一個更高的秩序。我們所面臨的挑戰，不是塑造一個系統，而是了解它無法被塑造；我們所面臨的挑戰，是找出我們自身內在的和諧一致性。

我告訴喬伊這件事——答案不在自身之外，而在自身之內——她指出，我們為了**解釋**事情所做的一切努力，其實就是在說故事。我喜歡說故事，這是我的本行。由於你看不見我的內心，我也看不見你的內心，於是我們訴諸語言，希望能與對方分享想法。我們利用故事**彼此**溝通，從而創造出**思想系統**，尋求將經驗變成**可分享**之物。語言是讓此事得以發生的東西。

但在說故事和語言領域之外存在著一件事物——經驗本身。沒有任何故事能適當地捕捉經驗的本質。如果你想接觸自我，你無法透過故事來達成目的，更重要的是，當你尋求認識自我，它不只是像時間或因果關係之類的假議題，它會受限於對**文字的理解**，例如當我們談論關於自身的每件事——無論大聲說出來或在心裡默唸——都會使我們遠離當下的存在。

我並不是說，我們應該拋棄所有的互動系統，畢竟那是我們賴以溝通與合作的方法。沒有這些系統，我們無法了解彼此。然而，說到了解**自我**，我們所創造的系統——語言、科學，甚至宗教——只會造成妨礙，因為你無法**解釋**存在的本質，你只能加以體驗，而無法分享，也無法**訴說**。此外，存在的經驗也超脫於時間之外，只發生在現在。

我的說法是否自我矛盾？首先，我花這麼多時間告訴你，要選擇文字而非數字，現在卻表示如果我們想了解自己，也需要拋開文字？我更大程度視之為一種不間斷的往復過程。數字無法理解事物的本質，然而文字幾乎能理解任何事物的本質，但**自我**除外。一旦我們能擺脫想要量化生活的企圖，就能開始體驗生活，然後你只剩一件事要做，那就是停止對自己說話，這麼一來，也許你就能聽見上帝的聲音，告訴我們沒有什麼好擔憂的，因為此時此刻、就在這裡，一切都很好。

＊＊＊

我要開始談談時間，還有為何時間是個陷阱，過程中我會談論過去和未來，彷彿它們是不同的事物。但我也要充分提醒你，過去和未來都不存在，正因如此，本章的標題名為「時間的陷阱」，而非「時間的若干陷阱」。因為過去和未來是根本不存在的同一件事，這對人類心靈而言可謂重大的陷阱。

我知道我不是討論這個議題的最佳人選，儘管我仔細思考過別人提出的時間概念，但我未曾在「時間」一詞的真正意義上理解它。由於疫情隔離，加上幾本讓我的大腦著火的書，我開始去了解「時間」這個概念。接下來是我對時間的理解。

就這樣，人們發明了數字。如果你使用數字只是為了確定數量，你可以在當下這麼做，不必離開現在：

有多少數量？

這個問題沒有毛病，有時候你就是需要知道數量。

在下一章，我會談科學為我們做的好事，但我先把這些放到一邊，並請你暫時不要考慮數字和科學帶給我們的東西，而去想想我們**思考數字**的方式。我不是在談我們需要數字才能打造（我正用它來打字的）電腦的這個事實，我在談每天飄過我們心中的數字。數字的陷阱使得我們的注意力脫離了現在，引誘我們執迷於改變，也就是進步，關注某個未來時刻。

如果這樣，就會那樣。

任何人都能做到確認數量這種簡單的事。但如果你想讓某人帶你脫離現在，你需要一個知曉數學、統計學或科學這種黑魔法的人，那是數字的咒語，它們承諾你**改變**。

你不需要數字來思考改變，但數字讓這件事變得容易。如果我只能增添一元到一筆巨款中，那麼我會擁有**巨款+1**。如果我只能讓這筆巨債少一元，那麼我只會欠銀行**貸款−1**。如此一來，事情會變得更好。

或者並不會。如果你讓錯誤的數字進入腦中，它也能使你的心情變糟。你想知道最需要留意數字陷阱的地方？當心專家。好吧，不是**所有的**專家——只有那些試圖預測事物的專家。然而，我認為這些專家數量之多令人驚訝。

請你上《紐約時報》網站搜尋「專家預測」這個關鍵詞，結果會使你震驚。我在二〇二〇年十二月登入該網站，發現光是二〇二〇年，「專家」一詞就在《紐約時報》出現多達九千餘次。從二〇一九年每天只有十七次，直至現在每天將近三十次。一份報紙能引述多少個專家的意見？

你看出發生了什麼事？我開始運用起數字，於是我的話顯得很客觀，好像在告訴你這事情是**真的**。但果真如此嗎？倘若我說一個極大的諷刺在我們眼前上演，這句話會傳達出更多的意義。你認為我們能預測未來？如果是，那麼你是信任專家的。但為何新冠疫情讓全世界陷入混亂？因為幾乎**沒有人發現它的到來**。所以，在這社會的經歷被曲解之後，媒體做了一件意想不到的事：他們並未對那些沒有提出疫情警告的「專家」級算命師減少信任，反而更頻繁地向他們求助，包括請教關於疫情的種種原因，這可是專家們根本就無從發現的事。請注意我剛才說過數字的不足之處。

我們為何不停試圖預測未來？首先，我們醉心於預測事物的能力，例如天氣，然後嘗試預測每天可能發生的每一件事。當然，我們預測未來的主要原因，是我們不安於現在。例如，有些人想預測明天的股市表現。這麼一來，他們就可以放心下注並在明天結束時變得有錢。他們今天不富有，但如果押對寶，到了明天就會變得富有。

然而，今天有什麼不好？今天是一切正在發生的時候。我們活在現在而不是明天。如同俗話說的，明天永遠不會來。那麼，我們為何堅決認為明天會到來？因為我們忘記了今天。我要再度歸咎於數字，因為我們對數字的信心說服了我們。我們對數字的信心使我們相信能計算機率和降低風險。但你是否曾停下來想想，當我們這麼說時，那是什麼意思？要降低什麼風險？什麼事可能發生？我們為何不把精力集中在顯然最可能發生的事，因為它現在正在發生？

我們已經喪失在此刻做出決定的能力，並將決定權外包給那些宣稱能預測未來的「專家」。我認為我們應該停止聽從這些算命師的**預測**，並開始注意那些專業人士**正在做**的事。專業人士是具備技能的人，他們知道如何在此刻把事情做對，而不會用大難即將臨頭的含糊警告來恐嚇民眾。恐嚇是專家才會做的事，而現代人的困境有極大一部分在於我們聽信了太多專家的話，而沒有讓自己成為一名專業人士。

上述的思考有另一種切入點：所謂的「專業人士」是具備先進技能的人，他們磨練好技術，也通曉事理到一定的程度，當局勢發展到需要他們的特定技能時，他們知道如何**採取行動**。我的朋友史賓德（J. C. Spender）最近寄給我《勞特利奇技能與專業知識的哲學手冊入門》（*Introduction* *to the Routledge Handbook of Philosophy of Skill and Expertise*）一書。在「東方哲學史中的技能」段落，該書的作者群寫道：「在東方傳統中，體現於技能中的實用知識，是我們首要的認知成就。」他們在談論**心流**。「思維與技能不必然相左，但技能必定是立即和自發性的。」技能是磨鍊到流暢程度的手藝，相較之下，現代概念中的「**專業知識**」則多半是空話。

如果你問我，我會說西方人完全不了解將手藝磨鍊到流暢程度的目的，並且太過滿足於「手藝不足取」的見解，因而會崇拜那些不切實際、夸夸其談的專家。我們社會有太多空談者與太少的實幹者，這造成了集體的損害。姑且不談這種錯誤認知，我只想問，為何當我們可以談談**現在**需要做的事，以解決此刻面臨的挑戰時，我們卻寧可花時間去談論未來？擔心未來是毫無意義的，因為未來並不存在！我們只有現在。假定將來的路上有問題要處理，到時我們可以……在路上處理。「**為未來做準備**」這種想法，只是在轉移注意力罷了。

別誤會我的意思：我們顯然應該為我們確定會發生的事做準備，例如明年冬天或下一個金融危機，但去為某件可能根本不會發生、只存在於理論層面的事情做準備，到底有什麼意義？我們留給為未來的事情做準備的時間，應該用於那些不可避免的事，而非只是可能發生的事。因為任何事都可能發生，包括你所預測中根本不可能發生的事。

我聽說在上帝所創造的萬物中，一切都可能發生，而我總謹記在心。❸

——室利・尼薩加達塔・馬哈拉吉

一九八五年的某天，我的朋友安迪依序發生了三件事：

他發現他的睪丸癌永久消失了，先前他曾連續五年不間斷地接受化療。

他向女友提婚。他一直等到病好了才開口，因為不想讓自己成為她的負擔。

那天下午，他發現自己透過輸血又得了愛滋病。

你不妨回想一下，你生命中最糟糕的一天比起上述遭遇是如何呢？安迪和我談起他從小就過著好像沒幾年可活的日子，因為專家不停這樣告訴他，如今他年近六十，不過愛滋病似乎沒有讓他放慢腳步。安迪活在當下，處於無限的可能性之中，他活得無所畏懼，除了老化，沒有什麼能殺死他。

話說到這裡，我們不妨來談一下預測。的確，宇宙往往會順從人意，讓我們預測到幾天之後的事，只為了好玩。我是說，這有何不可？預測事情多少是件有趣的事，即便不像完全活在當下那樣有趣。

但這是宇宙的底限了。預測明年？不行。下個月？不行。下個星期？不行，除了那些我們同意規劃的事，還有一些比較容易預測、但本質上不可能做到的事，例如天氣。我說「本質上不可能做到」，意思是，雖然我們或許能粗略地預測，但無法精準地預測天氣的本質特性。為什麼？因為我們就是辦不到。

人們容易掉入時間陷阱，是因為生活從來就不容易，你知道，只要想到以前或未來某天的樣子，然後不禁希望未來能比現在好一些，這是人之常情。好比處於疫情年代，人們不停談起以前的狀態，在新冠病毒使我們（似乎可預測的）生活陷入難以忍受的停滯之前。當然，我們現在知道那根本不可預測，這正是許多人感到震驚的原因。

在事情出錯時，我們一廂情願的想法總是最為明顯。當完全意料之外的事突然發生，一舉打破事物可預測的假象時，我們大受驚嚇並開始提出質疑，究其根本，這種行為是想要反轉時光再試一次的欲望。「我們不希望發生這種事。」我們開始問自己問題，希望僅是提出這些問題，也許就能讓現在消失。也就是說，當我們被**不大可能的**事給嚇到時，我們的反應是去要求那些**不可能的**事。

為何事情不能像以前那樣？因為它們不能。更準確地說，因為它們不是那樣，事情就是它們現在的樣子。

為何事情不能變成別的樣子？事情無法變成別的樣子，是因為它們沒有變成那樣，它們變成了這樣。

倘若我們做了這事而不是那事，會發生什麼？這是無意義的假設，因為我們當時沒做這件事，而且此刻我們在這裡。

那麼未來呢？那是未來主義者登場的地方。他們不像陷在過去的可憐笨蛋，他們指向了前方更輝煌的時光，他們知曉通往成功之路，他們會帶領我們踏上進步之路。但問題還是一樣，未來尚未到來，而且永遠不會到來。我們所擁有的，唯有現在。

「現在你要做什麼？」這是你唯一需要問的問題，因為除此之外，你沒有其他需要做的事。

＊＊＊

當你犯了錯並執迷其中，而不是去弄明白現在該做什麼，那又會怎樣？我給你一個例子：很久以前，我在尚未發覺我跟老婆之間有些基本無法調合的問題之前結了婚，結果就像掉進了陷阱，在某個腦洞大開的時刻，我決定透過酒精找出路。我花了近十年逐漸崩潰和變成了一個酒鬼。後來我們有了孩子，這本該讓我有所醒悟，但我照樣喝酒，直到我的妻子終於受不了而離開我。

在此前的二〇〇八年秋天，我的女兒提早三個月出生。某天在安大略的家族別墅，我父親告訴我他快死了，也許只有幾個星期好活。他已經病了一年，醫生一直無法找出病因，後來證實他罹患某種血液感染，發現時為時已晚。

無論如何，在父親說出他的死期將近時，我又一次徒勞地嘗試戒酒。當他告訴我這個消息時，我緊接著拉開一罐啤酒，然後為了給當下的痛苦有足夠的緩衝，我告訴他我現在不想談，我不願聽到這種消息，當下我拒絕了傾聽。幾天後，我和妻子從加拿大飛回紐約，再過幾天，我父親便去世了。

我為了一罐啤酒而錯失了最後一次與父親真正的談話。二〇〇八年我即將為人父，那時我同時面臨三個危機：酗酒、破碎的婚姻，以及對我來說毫無意義的職業，這三者讓你等同於擁有一個沒有目標的人生。

如果你碰上的糟糕事，是無法聽見父親在向你道別時，試著對你說他愛你；如果你想放下巨大的個人失敗，要從哪裡開始？答案在於寬恕和放手。你需要原諒自己。要如何著手？你必須一件件去嘗試，從戒酒無名會、門診病人和住院病人康復療程到一對一的談話治療，到試用各種藥物，以防吃錯了藥。科學要求證據，因此你得對自己講求科學原則，你需要持續地做實驗。

或許你覺得我只是在開個玩笑，多多少少吧。我一生中幾乎服用過所有的藥物，除了你注射的那些藥物和大藥廠所生產真正讓人上癮的藥物之外。事實證明，它們全都不包含真相。但我是從排除的過程，亦即從親身的經驗中得知此事，我只是必須確認。早安夾克樂團（My Morning Jacket）的吉姆．詹姆斯（Jim James）或許做了相同的事，他在歌曲《出自我的系統》（“Outta My System”）中為我倆訴說了此事。

但這不只是我個人的問題。酗酒在美國社會之所以普遍是有原因的，因為我們忙著談論未來和過去——在時間中旅行——而失去了安於現在的能力。如果你不想待在現在，你唯一要做的事，就是去喝上一杯。有人飲酒過度是因為他們無法放下過去，戒酒無名會如此告訴你，但有許多人這麼做，是因為我們的「期待文化」使我們對於明天的到來非常焦慮，於是不再關心現在。星期五的快樂時光不只為了抹除一整個星期的工作辛勞，也為了讓你知道週末會很棒，只要宿醉沒有使你慢下腳步。

在通往酗酒的列車路線上，有一個稱作「管他的」車站，到了這裡似乎再也沒有什麼重要的事了！你不想喝酒，因為你知道酒精已經掌控了你的人生，但你不知道該如何戒酒，因為酒精已經將你緊緊束縛。你會說「管他的」，我就是要喝酒，這時你已經瀕臨低谷，因為你會不停喝酒，再也想不出不喝的理由。這時你不相信自己有能力做出正確的決定，你甚至懶得做決定，管他的！

二〇一一年下半年，我妻子告訴我說，她要離開我，搬出我們在費城的家。後來我們搬進布魯克林綠點（Greenpoint）的同一棟大樓，但我繼續喝酒，甚至在某晚去狂敲她的門，要求睡在她家的沙發上，因為我醉到找不著公寓鑰匙。「管他的」，我心想，「有什麼關係？反正一切都搞砸了！」

在我們搬家的幾個星期後，她拿離婚協議書給我，還說，如果我不戒酒，她要打官司爭取完全監護權。她用外力逼迫我看清現實，這可能是她為我做過最好的事。那時，我不在乎我自己，也不在乎人際關係、事業或人生，但我確實在乎我的小女兒。我聽說，一個人有了孩子，會讓你明白你再也不是宇宙的中心，我不確定這話是不是真的，但情況似乎真是如此。她讓我知道我做出了糟糕的抉擇，此刻我終於明白我必須活著，因此當下便開始戒酒。

我說到哪兒了？喔，沒錯：過去不存在，未來也不存在。一如以往，思考是件好事。未來的數字似乎總是看起來要好一些，除非你是想要嚇唬人的專家，那時數字才會看起來很糟。你看出數字的功用了嗎？它們被用作使人發愁的工具、造成焦慮的武器，以及讓我們擔心的語言。

然而，這一切都是想像出來的，我們不必發愁，也不必焦慮或擔心。我們只需弄清楚現在必須做的事，而未來會管好未來的事，情況一向如此，也永遠如此。未來毋需我們出手相助，我們卻藉由似乎需要我們出手的數字，引誘我們自己這麼想。

如果我做了這事，便會發生那事。

結果或許如此，或許不是。

再說一次：這都是數字的錯。更切確地說：這是我們自己的錯。我們被數字愚弄，誤以為未來需要關注。被量化的現實告訴我們需要去擔心未來，事實上，它要求我們去計算未來，恐嚇我們說，未來需要我們這麼做。然而這是謊話、是陷阱，未來從不要求任何事情，不需要任何東西，因為它根本不存在。

唯一存在的是現在，而現在對你唯一的要求，就是你得決定某事，你得做出抉擇。如果你覺得需要透過計算來做抉擇，那你乾脆把自己打昏算了，我不會阻止你。不過你的動作要快，因為現在不會一直等著你，等你發現時，現在已經變成了過去，機會一去不返。然後你會再次想到過去，但願自己做了那些必須做的事。

時間陷阱讓許多人在新冠疫情期間陷入了歇斯底里。是的，我知道我們有人處於垂死邊緣，這是件可怕的事，可是其他還好好活著的人，則花費了太多時間在談論過去和那些尚未到來的事。這些是我們不停落入的陷阱，而數字正是引誘我們上鉤的餌。

同樣的事也發生在總統大選期間，那時我們陷入了另一種週期性狂歡，聽著人們談論接連許多天的即時民調，想想那種「勝利之路」的談話簡直無比瘋狂。等我們投完票，只有一件事情會發生，那便是計算選票，結果是某人會贏，某人會輸。然而，由於我們無法不理會數字，因此我們對於一個巨大的錯覺產生了共識，認為接下來仍有無數的可能性。選前，一切確實都有可能發生，然而到了選後，所有這些可能性濃縮成單一的結果，這時只有一件事情會發生，而我們唯一能做的，是等待和看看結果為何。一旦選舉開始，結果便已底定。

我明白大多數人急於知道結果，而無法去享受不確定性，因此熱中於聽著他們所中意的媒體人可笑地談論關於未來的幻想。但是，你無法對著一個確定的數字手淫，不是嗎？如果你想要持續保持高度興奮，你就必須假裝仍然存在著種種可能，即便它們並不存在。

現在令人害怕，而當你害怕時，你多少會有點希望自己身在別處。的確，你希望自己處於別的時間點，而非處於現在。於是我們創造出過去和未來，作為隱藏在我們心中的地方，如此一來，我們便不必與此時此刻眼前的現在達成協議。

時間只不過是一種思考方式。它確實是一種建立在若干假設之上的思考體系，這些假設表現在社會結構和制度，以及世界上的行為模式。我們之所以測量事物，包括時間、距離或其他東西，是因為測量的舉動讓我們在面對未知時，獲得了一種假的確定性和安全感。我們企圖尋求一個統一性，尋求一個能夠結合一切的東西，也就是能夠告訴我們事情為何發生，以及接下來會發生什麼的**方程式**，然而無論我們多努力，都無法測量任何事物。此外，我們望向了錯誤的方向，因為統一性不在我們身外等著被測量，它就在我們的心裡，等著被感受。

* * *

小說《哈利波特：神秘的魔法石》（*Harry Potter and the Sorcerer's Stone*）在接近結尾時有一段台詞，當中哈利在思索著魔法石本身的誘惑。

「你知道的，魔法石其實不是多麼神奇的東西。」鄧不利多告訴他，「如果你想要大量的金錢和壽命！這是大多數人首先會選擇的兩樣東西——問題在於，人們確實有本事正好選中那些對他們來說最糟的東西。」❹

說到壽命，鄧不利多談的是想要**「未來」**。說到金錢，鄧不利多談的是想要**「更多」**。我們不需要這些東西，我們只需待在此時此刻。你就是宇宙，你就是道路，你就是目的地，一切都發生在現在。「待在此時此刻」這句話引發了共鳴，所有真實的東西比起那些不真實的東西，聽起來更沉重一些，因為它帶有真實的份量，而廢話毫無重量。

我錯過了女兒頭三年人生的大部分時間，因為我天天喝酒，我甚至不明白發生了什麼事，因為我不在場。當我們屏息等待只存在於某一瞬間的一切美好，我們錯過了此時此刻正在發生的無限事物。在我女兒三歲時，我戒了酒，這麼一來，我才有可能陪在她的身邊。但後來，我用「確定性」取代了酒精，並且，我開始告訴身邊的每個人他們做錯了什麼，只因為我終於做對了事。

你知道那種感覺，對吧？當你終於搞清楚某件事，難免就會覺得你比身旁的人懂得更多，然而，你只不過是比以前的你懂得多一點罷了。

第七章　你無法測量自由

占卜是最不精確的魔法分支。

——麥高納格教授（Professor McGonagall），《哈利波特：阿茲卡班的逃犯》❶

我把事情搞得一團糟，不是嗎？

我出了什麼問題？我的思維出了什麼問題？令我困惑的是，在我五十年人生的大半輩子裡，我總以自己是對的，即便我錯了。一個人何以能如此？

我認為那是我們的精準文化和不停追求確定性所導致，因為我們自我欺騙，以為我們所發明的事物——數字和科學——掌握了**自我**的秘密。各位，我在談的是精準悖論。我們相信了自己的屁話。

我並不是說，我的行為是**社會的**錯，我只是說，我們自認為去做某些事的原因，其實並非出於某些有意識的選擇，最明顯的例子是我們所受到的教導，但那只不過觸及了事物的表面。我們的思想有一大部分嵌植於語言本身，你大可認為我們的社會制度是奠基於有意識的意圖，但這些意圖只是突出水面的冰山一角，下方盤旋著我們用以表達這些意圖、隱含在語言之中的假設，結構龐大卻不可見。

此事鼓勵著哲學家的誕生，對吧？他們渴望了解我們為何以現有的方式來看待事情？但重要的不光是我們在想**什麼**，因為那只是冰山的尖角，底下是更加龐大但隱沒的問題，亦即，我們**如何**思考。如果你對於現實的理解是依靠「萬物歸一」的假設，那麼你無疑會尋求事物明顯差異背後的基本統一性。然而，如果你從另一個方向來理解，你最終會想盡辦法對宇宙分門別類，如果你從相異性著手，不久便會出現價值判斷。

這是我的經驗之談，出自我目前的有利位置。我很明白這輩子我花了太多時間試著區分對與錯，更重要的是，我花時間在找尋正確的事物。我為何以為一切事物都如此黑白分明？為何我們總是在爭論——所有的事情？

在我談到你可能稱之為「世界」的當前事態之前，我想要多談談關於如何思考。首先，正是我們的思考方式，使得我們陷入了這一團混亂。有一本名叫《昆達里尼體驗》（*The Kundalini Experience*）的絕版書，作者是李・桑內拉（Lee Sannella）。「Kundalini Shakti」意指蛇的能量（拙火），是一種精神靈性和意識能量，當你能夠利用或控制這股能量，便會出現昆達里尼體驗。

換言之，你**開悟**了。

桑內拉說出了重要的一點，那就是即使我們累積了財富，西方世界似乎仍然無法理解所謂的「靈性」，原因是，我們從先祖那裡繼承了某些負擔，而語言是其中的首要事物。「語言構成了經驗，」他寫道，「一旦我們接受了某種如實反映真實的特定模式，就會忘記了它只是一種模式，而將它視之為真實。」❷

對於說英語的國家來說，我們的語言模式有效地排除了昆達里尼體驗，這正是我們與真實體驗斷開的原因。更糟的是，就這個層面而言，資本主義的勝利正威脅著從歷史上看來已然愈加開放的文化和語言的靈性。當資本主義越將觸手伸到全世界，靈性就越難產生。

我從以麥肯錫和哈佛商學院為題材的寫作中學到的是，他們的模式——任何模型——在本質上都無法理解現實本身。他們談到創造價值，卻不了解「價值」一詞深刻的意義。真正的價值不是一個可以量化的東西，好比說，友情對你而言為何有價值？你無法計算它的意義。

不只如此，由於我們執迷將事情給簡化，我們的整個文化理想破滅，從而產生了執迷不悟的個人主義，同時，我們更意識不到這個概念：以測量為基礎的科學，永遠無法解釋真實的本質。不管個人還是集體，都被困在自我意識中，堅信自己是對的（而且快樂），同時拼命尋找那些根本找不到的意義。

我們之所以找不到意義，原因在於我們的西方價值、態度和生命觀——全都被嵌入了語言中——使得我們無法思索存在的本質。如果你一開始就設法拆解一切以便加以測量，那麼，你永遠無法看見任何東西的全貌。

＊＊＊

我知道有許多人自稱科學家，而我並不想毀掉任何人的聲望。我知道大多數人心地良善，多數科學家以為他們在從事著重要的工作。問題在於，我們將複雜的事與重要的事混為一談了。讓我把話說清楚：我不是在發表反科學言論，我說的是反測量，當然，我也並非反對所有的測量。

我反對的是在我們尚未開始了解事物之前，那種想要去「測量」的膝蓋反射式衝動。我反對為了蒐集資料而蒐集的資料，因為它們沒有告訴我們任何東西。一門好的科學不必然以測量作為基礎，它能奠基於經驗、方法和歸納，而毋需執意去測量任何事物。

為何現代科學家的許多研究似乎都很複雜？我會說，那是因為這些研究與如何生活沒有太大的關係。說到底，「過生活」是件相當簡單的事，即使很難用言語來表明。唯一複雜的是人類創造出來的事物，例如機器、制度、政治體制和錯覺。

在西方世界，我們相信現實或自然存在於自身之外。換言之，它位於外部，所以控制的方法也出自外部。我們將自然視為一個由定律所驅動的機器，於是不停地替宇宙分門別類，以便破解這些定律，然後處理它們。我們的目標是控制外部的自然，從而控制一切。

至於其他的文化——特別是瑜伽信徒——則相信外部世界只是內部或微妙世界的一種粗略形式，因為較細微的事物永遠是起因，而較粗略的事物則是結果。因此，瑜伽信徒要尋求的是操縱內部世界——去克服內心——以便控制外部世界。他們的目標是控制內部的自然，從而控制一切。

最終，兩者都是對的，因為說到底，根本沒有所謂「內部」或「外部」事物，那些只是界限，並非真實存在的限制因素。所以「外部主義者」和「內部主義者」會在他們知識的盡頭處交會，在那裡，兩者的區別將成功地消解。「就像物理學家將知識推至極限，會發現它融入了玄學，而玄學家也會發現他所稱的『心』和『物質』，只是表面上的區別，現實是合而為一的。」印度哲學家維韋卡南達（Swami Vivekananda）寫道：「一切科學的目的和目標，都是在找尋統一性，那個從而產生萬物的一，以種種樣貌存在的一。」❸

以下是最精妙的部分：當兩種方法相遇時，距離**真相**還差最後一步。但**真相**無法被測量，因為你無法測量無限的事物。幸運的話，你能親身體驗，但絕對無法加以測量，因為除了人的大腦，沒有工具可以去測量小之中的最小、或大之中的最大。我們說「無限小」和「無限大」是有道理的，因為無論注視光譜的哪一端，測量工具終將掌握不住問題。我們打造了許多機器來控制外部世界的某個層面，但世上沒有一種無所不能的機器，以測量為基礎的科學終將止步於通往無限的門口，因為下一步稱作統一，是完全無法測量的東西。它是現在，它包含了一切。你也可以稱之為上帝或愛，但共同點是你都無法加以測量。

最後，以測量為基礎來理解現實的方法，雖然能夠成就很多事，但無法暢行無阻。我們需要更仰賴經驗科學，也就是那些承認「存在很微妙」的科學，還有，這些微妙是我們所無法測量的東西。宇宙之所以神奇，並非因為它是一個最巨大的機器，而是因為任何事都可能發生，一切皆有可能，一切都是選擇的機會。因此就任何事情來說，一切必定總在發生中。感謝上帝！感謝情況如此。❹

＊＊＊

在我繼續之前，讓我先提出一個重大的例外。在涉及數量龐大的人群時，我們能利用測量帶來利益，例如亞馬遜公司的貝佐斯（Jeff Bezos）善用演算法，以及醫學界利用數據結果來延長人類壽命；都市規劃者構思出下水道系統（非常有價值！）；火車時刻表；合適的地下鐵列車數量；建造不會倒塌的橋梁（雖然不必然成功）等……因此談到與大量人數有關的事物，測量的確極具價值。舉例來說，找尋防止疫情肆虐的疫苗。當然，我認為消弭疫情的最佳辦法是過上一種更健康的生活，但在辦不到的情況下，以測量為基礎的科學在緊急關頭或許能以疫苗提供協助。

此外，在操縱無生命的事物時，測量也能發揮用處。事實上，所有的材料科學都對人類做出了重大貢獻，但有時也會造成災難，例如塑膠製品——好吧，我不想與你爭辯：擁有一棟在暴風中不會被吹走的房子是件好事，我也喜歡冬天時能穿上保暖的衣服，以及我用來存放康普茶的容器。

好吧，說夠了無生命的東西，接著來談談人。在設法應付大量人口的需求時，西方世界所構思和實踐的科學可能會有用，但說到個人生活，它的用處就小得多了。我們已經知道如何過生活，而生活中根本沒有東西需要測量、計算或迴歸分析，我們不需要關於選擇的任何科學規則或定律，只需要運用**常識**。我們需要明白，我們所做的一切，實際上沒有任何一件事是客觀的，一切都被我們的經驗透鏡給過濾了。

一個只在乎數量和單獨以測量為基礎的科學，先天上便無法處理經驗、品質或價值。[5]

——弗里喬夫．卡普拉（Fritjof Capra）

迷信測量的人執迷地相信，如果給予適當的實驗限制，客觀性是可以獲得的。然而那不是真的，因為一切事物都是主觀的，除非我們放棄對客觀性的錯覺，否則永遠無法正確地探究真正重要的事，也就是**自我**。

同時，我們讓自己相信，當我們注視某樣東西，是從自身之外觀看，其實不然。重要是觀看的行為，而不是那些我們正在注視的東西。我們需要了解尋求者是被尋求之物，要理解這點很困難，因為眼睛唯一無法看見的東西，正是它的本身。這件事的關鍵可以說是**了解自我**，去發現唯一值得知道的事實，那就是我們存在著，所有寶貴的洞見皆源於此，任何缺乏自我實現的事物都是虛假的。

你是否思考過以下事實：我們的測量文化無法告訴我們，那些我們所希望的事情會不會發生，只能告訴我們一些可能會發生的事。我們本該將較多的時間花費在前者，而將較少的時間花費在後者，因為這樣才能讓更多期待的事情發生。一旦我們將較多的時間花費在**預測**，就只能花較少的時間去**創造**。我們沒有專注於「一切都可能發生」的這個事實，反倒試著去預測哪些事才有可能發生，這大概是最浪費時間的作法。當你試圖發揮控制力，就無法一把抓住機會，因為前者會排擠掉後者。

不僅如此，我們也應該了解「無理由的起因」這個概念，亦即事情會發生，是因為它本質上會發生，不必費力就能自動發生。人們在進入心流的時刻會自然而然地行動，你可稱它為「洞見」、「創造性衝動」或其他別的名稱，包括愛、仁善、慷慨……但無論你如何稱呼它，你都無法預測它。

有些事之所以發生，只因某件事促使它發生，包括宇宙在內，還有你。你知道的，為了讓你來到這世上，你的父母必須在之前「辦事」，像我女兒喜歡說的那樣。然而，受孕無法強迫成功或預先安排，它在該發生時就發生了。記得，你是任何人所曾想過最棒的點子，但好點子也無法預先被安排，它們就是在發生時發生了。

你看出當中的模式了嗎？每一件關於活著的、令人驚奇的事——包括它的最初始狀態——都不是你能用演算法來預測的，為什麼？因為你無法量化所有當中最重要的變數，這個變數就是愛，它只能在當下獲得。當你試著預測某事，就抓不住現在。

或者換個方式說，一切都是已發生事情的結果，而且一切事情總是在發生中。當人們不試著促使某事發生，而只是存在著，便處於一個接納的狀態，就能依據此刻正在發生的事（而非過去已發生的事）來做決定。測量科學無法處理現在，因為現在龐大到無法用公式來掌握。

＊＊＊

我父親是一名產科醫師，他身邊的人一如對所有醫師的崇拜，都以為他可以治百病。我對他印象最深刻的一件事是，他只給別人一項忠告：「用鹽水漱口。」手肘痛？用鹽水漱口。鼻塞？用鹽水漱口。而當我開始長青春痘，請注意——他告訴我，那是因為「心思不正」所導致。

喬伊和M都沒見過唐．麥當諾（Don McDonald）醫師，因為我父親在M出生前幾個月就去世了。在他去世後，亂糟糟的情況持續了好一陣子，我的酗酒問題變得更嚴重了。M的到來暫時成為我注意力的焦點，但不久後我又開始大喝特喝。那段日子是我一生中最後悔的歲月，我想跟我的前妻說：很抱歉讓妳經歷此事，妳不該受這個罪。妳有一顆美麗的心，卻被我徹底重創。我為我們共度的日子和妳帶到這世上的孩子而感謝上帝，也感謝妳堅強地忍受我這麼長的時間。

說實話，我現在還不完全確定當時為何無法停止喝酒，我並無意自我毀滅。我的意思是，任何成癮都是一條緩慢邁向自殺的道路，而我並沒有自暴自棄，至少一開始沒有。我能想到最好的解釋是，那時我還不夠認識自己，以致於不在乎對自己所做的蠢事。

處決人犯時，給他戴上頭罩是有道理的，因為讓行刑者直視死刑犯的眼睛是件不公平的事。那如果是你為自己戴上了頭罩又怎樣？如果你在照鏡子時，再也無法看著自己的臉？啊，是的，鏡子和照鏡子。近來我逐漸了解我們在這世界上所抱怨的，差不多每一件事都反映出自己內心的不對勁，當時因為我恨自己，所以我對妻子生氣。

但我不是唯一一個因為誤以為答案存在於自身之外而苦惱的人。在一個以證據為基礎的社會，除非有人向我們**證明**某事（通常藉由**數字**），否則我們不會相信。因此，我們早已看不見以下事實：我們是自己所做的決定的總和。當你不喜歡某件事發生的方式，你應該生氣的對象（如果你真的應該生氣的話）是你自己。你是害得自己陷入你所身處每個境遇之中的人，所以該為困境負責的人當然是**你**。這是每個人都忘記的重要經驗。

（當然也有例外，例如無緣無故的暴力和完全非理性的暴力行為。在此我指的是我們的日常——當事情不順我們的意，我們選擇去做的事和選擇歸咎的人。）

我們之所以這麼容易將自己的感受歸咎於他人，是因為我們已經迷上了科學的核心假象，那就是：我們能夠預測事情。儘管我們確實能在實驗室的數據中預測事情，但當我們將**原因**與**結果**的概念應用到生活，卻不自覺地將它過度簡化了。說到人類行為，一件事不必然會導致另一件事，你做了某事，是因為你選擇這麼做，而不是**別人逼你做**。當我們以為能將自己的行為歸咎於別人，實際上就認定了自己在這件事情上**別無選擇**。那不是真的，你可以做你想做的任何事，沒有人管得了你。

他大聲對我吼叫，所以我也大聲對他吼叫——那是錯誤的。正確的理解是：他大聲對你吼叫，然後你選擇大聲吼叫來回應他。

因為全心信奉科學，我們全然落入了一種思考方式：認為由於是別人先做了某事，所以我們得以為自己的行為找到藉口。至少這招對我來說一直有效。我做錯了事，那是因為你先做了錯事！酒精能幫助某些人放鬆，但對我而言，酒精在我身旁築起了高牆，讓我沒有能力去參與周遭人的生活，彷彿被某種力場給包圍了。這個力場容許一切進入，卻將唯一重要的東西隔絕於外，那個東西就是愛。

好消息是，我父親唐．麥當諾竟然在我女兒身上活了下來！我女兒眼中無疑閃耀著我父親的目光。我猜父親一定會喜歡喬伊。為什麼？因為這個女人能欣賞他講的所有笑話！每當我對喬伊和我女兒說上幾個老父親的經典笑話，她總是笑個不停。事實上，達夫醫生也曾診斷出一些不純正的想法。

不久前，M和喬伊一起待在廚房裡，她的喉嚨開始疼痛。

「你知道唐醫生會告訴你該怎麼做，對吧？」喬伊問她。

「用鹽水漱口。」M回答。

老爸，謝謝你，你的萬用處方依然有效。

＊＊＊

讓我們談一下歷史，好嗎？我寫的三本書可以描述成一段歷史。回顧過往，我犯了一個根本上的錯誤：我引進了因果關係的概念，還說了一件事導致另一件事的故事。它們並非完全離題——那些事情確實是其他事情的起因——但我實在過度倚賴「因果關係」這個概念了。我現在再也不寫那樣的書。

當然，這不表示研究歷史對弄清我們在哪裡轉錯了彎沒有幫助。研究歷史在個人層面（換言之，評估你的決定所造成的後果）和集體層面（當我們試著弄清我們每個人在哪裡出錯）都有用處，這本書中多處談到我出錯的地方，全是我自己造成的。

我做過什麼最糟糕的決定？一個也沒有。我目前還在這裡，不是嗎？

身為一個群體，我們做了什麼最糟糕的決定？經過一番深思熟慮後，我必須說，那就是我們採用了西方科學的測量工具，並用它們來理解我們自己。

在時間設定於一六六五年的《巴爾塔札之旅》（*Balthasar's Odyssey*）一書中，作家阿敏·馬盧夫[20]表示，這種事已經持續好幾個世紀。

「數字的價值」？每當聽到有人提起這個概念我就生氣！與我同時代的人不試著去了解文字的重要性，反而喜歡計算那些構成文字的字母的價值。他們操弄這些東西來符合自身的目的——加、減、乘、除，結果總是得到一個使他們吃驚、安心或害怕的數字。於是，人的思維被稀釋了，人的理性被弱化和消解在迷信之中……我詛咒數字和那些利用數字的人！❻

無論如何，如同上文討論過的，西方科學建立在實驗的基礎上。科學家所蒐集到的這些實驗結果，通常以「統計學」數據的形式來呈現，而統計學只不過是一串數字。

科學家擦亮這些數字，然後宣布他們的**發現**。早期的科學家比較自由，只說他們想說的事，美其名為「科學」。如今，即使社會全體跪服在科學的祭壇前，卻有更多人在監看著，所以科學家設法利用相關性、因果關係和誤差幅度之類的行話來嚇唬人們就範。

再說一遍：舉例來說，如果你在處理金屬材質之類的東西，那麼運用統計學來找出平均值的結

20 譯注：阿敏・馬盧夫（Amin Maalouf）於一九四九年出生在貝魯特，為黎巴嫩裔法國人，他的作品涵蓋小說、散文和歷史作品，並經常探討跨文化主題和身分議題。

果，那絕對合理。人們就是這樣預測天氣的，只要你願意稱氣象專家所做的事為「預測」，其實那更像是憑經驗所做的猜測。但如果你在「人的範疇」從事科學工作，我必須要求你放下計算機和遠離本生燈。

統計學的過度延伸會導致缺乏信任。為什麼？我們都做過很個人化的決定，對吧？我們很少有人會視自己為任何意義上的**平均數**。然而當我們被說服，用總數和平均數來思考所有的人——你賺的錢比一般人的平均收入更多或更少？你的體重比和你相同身高者的平均體重更多或更少？你跑得比一般馬拉松選手的平均速度更快或更慢——我們就會以數據來取代個體性。在現代社會中，我們幾乎將每個不認識的人都當作數據來看待，藉由數字來認識他們。

跟你不同政黨的人之中，有多少比例和你一樣聰明？
什麼是分析別人缺點的最新方式？

如果你相信藉由測量而建立起來的科學世界觀，並相信它能應用到人的領域，那麼你顯然相信人是一個**數據點**。如果你相信萬物之間彼此關連，那麼他人就是你，倘若我們都有信仰，我們會信任彼此，因為我是你，而你也是我。然而，由於我們沒有信仰，因此我們缺乏信任。

科學家在做實驗時，同儕之間會要求證據。為什麼？因為他們不信任彼此，而我們有樣學樣，將這種缺乏信任的感覺擴展到社會當中。請注意，這麼說並非過度曲解，我們這麼容易不信任別人，原因在於我們不信任自己，因為我們同樣喜歡用數字來定義自己，而數字是空洞的，可以說，整個空虛的現代生活就以數據所構成的錨作為依靠。

當然，你可以利用統計學來了解人口趨勢，好比說，有多少人正在懷孕，諸如此類的。早期的法國統計學家利用數字來追蹤人口的組成，試圖掌握一個名叫「社會」的東西，不過，極大數量的人口可能有點無法預測。好吧，或許來看看有哪些事是我們能夠預測的……如果大家都在疫情隔離期間懷孕，那麼九個月內我們會需要大量的尿布……就是諸如此類的事。

不過，事情很快就出了差錯，不久，這些統計學家串通一氣，幫助國家來**控制**人民。面對這種情況，我想所有傅柯迷都會舉起手，告訴我們關於知識與權力的交叉點——傅柯是對的。

你知不知道「一般人」這個概念，起初應該算是正面的詞彙？如果你是一般人，那麼你就是正常的，而非異常，這代表對於系統而言，你比較不可能成為問題。說到權力和控制，統計學非常有用。

但「一般人」並不存在，那是一個放在總數中思考時可能有用的抽象概念，但在個人身上並無用處，而且有損個體性，因此，那些宣稱運用科學來處理人的問題的學科都犯了錯。此外，每個自稱「社會科學家」的人只不過假裝在做兩件事——科學和社會工作——然而，他們做的既非科學工作，也非社會工作。

＊＊＊

正當我著手寫這本書時，喬伊在閱讀《編織聖草》，這本書是環境生物學教授暨波塔瓦托米族公民（Citizen Potawatomi Nation）成員基默爾（Robin Wall Kimmerer）詠嘆自然的頌歌。基默爾在書中針對「科學至上主義」的風險提出警告：

科學固然可以是知識的來源和寶庫，但科學世界觀太常成為生態同情心之敵。我們應該思考這個觀點，以區分在大眾心目中往往是同義詞的兩個概念：實踐科學，以及因實踐科學而產生的「科學世界觀」。科學是透過理性的探詢來揭露世界的過程，從事真正的科學工作使探詢者無比地親近充滿驚奇和創造力的大自然，同時試著去理解這個高於人類的世界的神秘……至於「科學世界觀」則是與之截然不同的概念，是在以科學和技術強化過度簡化的唯物主義經濟和政治議程的文化脈絡下，詮釋科學的過程。我認為這種具有破壞性的無情觀點並非科學本身，而是科學世界觀的態度、支配和控制的錯覺，以及將知識與責任分離。

＊＊＊

我要再強調一次，因為這句話至關重要：試圖運用以測量為基礎的科學來為與人有關的領域效力，核心問題在於，它在本質上是一個預測系統。然而，一說到真實生活，預測既沒抓到重點也錯過了目標，而且白白浪費掉自由創造性的機會。預測將我們導向了明天，但我們應該設法待在今天。

讓我們來談談最愚蠢的預測。有時人們在回答關於預測的結果時，會回答說，這件事的機率是「五十比五十」，這是什麼意思？如果我們堅稱預測到的機率是五十比五十，那基本上是一種託辭，等同說「任何事都可能發生」，而這種事不用預測就能知道。

聽著，我理解，測量已經為我們帶來許多實際的好處。「化約論」的概念——將事物分解成好幾個組成部分——促使我們能進行實驗以馴化自然，而不必成天擔心死亡，包括自然界帶來的惡劣天氣、疾病、饑荒和瘟疫等各種挑戰。然而說到愛的領域，或任何包含真實本質的東西，你無法運用化約論來理解，因為最終你只會得到整體中某個分離或個別的部分。

「個別的部分」——我猜想，首先，那是西方社會喜愛化約論的原因，因為即使我們是某個更大事物整體的一部分，但由於我們是如此看重自我，因此認為比起專注於整體的連結，專注於個別的部分顯然會更有趣。

因此，我們手上有另一場戰役要處理。事實上，那是同一場戰役，就是數字與文字之爭。一方是化約論的力量，這個陣營裡有科學家和統計學家，他們不停地分解我們，直到我們化為最細小的成分。當然，最終剩下的東西不會是人（無論形狀或形式），但絕對易於組織，並且可以放入某種表單中。這些試圖征服「不確定性」的科學家和數學家，反而使我們忽略了那些可能會發生的事物。

然而，一切都有可能。如果你選擇較少地運用數字，而更傾向於運用文字，例如「**和諧**」、「**相互關連**」、「**整體性**」和……「**愛**」等等，這些是藝術試著告訴我們的事，以及開悟者所能看見的真實，那麼，你會發現，我們是一體的。

和諧的力量——而非熵，或是那些理想破滅的人要我們相信的——是整個宇宙的潛在力量，這股力量令人敬畏到難以理解。事實是，我們存在於奇蹟之中，你是一個奇蹟，我也是一個奇蹟。我終於領悟到，去爭論誰對誰錯，相對於存在的奇蹟來說，完全沒有意義。我們能夠活著，就該隨時感謝我們的幸運之星。

我要學學我的女兒，她對哈利波特的胃口永不饜足。**生命就像魔法**，我們為何要設法擺脫它的魔力？我們為何與魔法思維脫鉤，不相信我們能做任何想做的事，而且沒有人可以阻止我們？這世界不僅包含了魔法，它**就是**魔法！也就是說，直到我們不再相信為止。事情之所以如此，原因之一是，我們所創造的社會在最初萌生時試圖尋找愛，但後來卻將愛驅逐到幽深的地牢，最終我們用**教育**和**數學**、**科學**和**事實**來取代了愛。我們讓孩子成為科學家，以為這麼做是在幫助他們，其實不然。我們需要教他們的是有關魔法的事——教他們如何生活，而這最終將讓他們學會如何去愛。

第八章　精準悖論

霍格華茲已經創立了一千多年，切確的日期不明……

——賓斯教授（Professor Binns），《哈利波特：消失的密室》❶

近來，我思考了許多關於「發現」的概念。從前我看待它的方式跟大多數人一樣，也就是認為「發現」與「找尋**新**事物」有關，但最近我不那麼肯定了。創造的行為可以產生新的事物，但發現的行為迥然不同。

想想這個單字本身：**dis-cover**（揭開——遮蓋物）。**真相**永遠存在，只是被遮蓋起來了。當我們明白某事，就等於揭開了遮蓋它的無知，看到了真相。你明白某事，只不過代表你去除了自身的幻覺。發現事物的興奮感不盡然與事物本身有關，而是自我覺察所引發的興奮，也就是說，我們並沒有發現新的事物，而是發現了自我。

這與我們如何看待科學這個概念有關。當科學家發現新東西，不是真的找到了存於外界的事物，而只是弄清楚了這些東西與所發生的某事的關連，無論是原子分裂或製造疫苗。這一點雖然微妙卻十分重要：任何已被發現的東西，都需要某個人來發現它，沒有後者，前者就無法發生。因此，在某種程度上，前面即是後者：尋找者就是被尋獲者。

如果你願意，想想物理學家所做的**發現**。他們透過觀察和實驗試圖解釋物質世界的現象，藉由將已發生的事物加以列表和組織來達成目的。換言之，那是**過去**。然後，他們利用這份理解來預測特定條件下將會發生的事，也就是說，他們試著**預測未來**。

我認為，我們無法預測未來，因為未來並不存在！但這好像與科學家能夠在許多情況下告訴我們往後即將發生什麼的事實相悖，對吧？正因如此，我們才會對他們的發現深具信心。但事實上，我們誤解了科學家所做的事，科學家無法告訴我們未來會發生什麼，而是想出一種**改變**現在的系統性方法。

我知道這聽起來與常識不符，但請聽我說明。我們誤解了科學的目的：科學不是為了預測未來，而是關於現在如何行事。那些**從事於眼下實務**的科學家致力於創造的行為，就像我們一般人那樣，但那些專注於**預測**的科學家，則試圖做些不可能的事——因為我們無法預測未來。

我的意思是，預測並非真的完全憑藉著它們自身而產生太多意義。當然，某人可以說，**如果我們做了這事，那就會發生那事**。但除非有人真的做了這事，否則誰知道呢？他們的確必須去做某件事，在那樣的情況下，另一件事才會發生。是的，我知道，科學家的建議可能是對的，但那並不是在預測未來，而是主張：現在要做某件事。

但如果無事可做呢？如果你願意，請想想了解現實的本質的目的，這可說等同於了解我們自己的目的。為何兩者是同一件事？嗯，如果你不在那裡，就沒有供你所了解的**現實**，對吧？了解自我所面臨的挑戰，不在於要做些什麼事，而在於，你要了解**存在**的意義。同樣的道理也適用於現實，你無法對現實做什麼，現實就只是存在著。

你可能會說，我們的問題是，我們忘記了「這個」包含了所有的「那個」。為了理解存在的本質，我們犯了從自身之外看事情（並試著弄清楚「那個」是什麼）的錯誤。然而，似乎存在於我們之外的「那個東西」，實際上是我們試著去了解的這個存在的一部分，**它們是同一件東西**。

設法區分這個與那個，是為了在無限的事物上設定一個限制。我們畫出邊界來凸顯界限，我們建立版圖、做出區別，並給事物貼上標籤。問題是，當我們這麼做，我們與存在所蘊含的無限本質就失去了連繫。你也可以從外面看見它：只要仔細注視大自然中的任何東西——一棵樹、一條河流或一片雪花——你就會看見它外表的無窮細節。但如果你執意尋找它的界限，很快的，你就只能看見限制。同樣的道理也適用於存在本身。

「如果我們追求有限，就會發現它無所不在。」吠陀學者大衛．弗勞利寫道，「我們會發現萬物的界限。但如果我們追求無限，也會發現它無所不在。我們會發現無盡的美、生命的獨特性和多樣性。也就是說，如果我們追求有限，我們自身就會變得有限，受困於時間和物質，而如果我們追求無限，我們自身就會成為無限，進入永恆與無限之境。」❷我知道我要選擇哪個，你呢？

再說一遍：科學有利於**做事**，換句話說，科學對於你或可稱為「下游」計劃，以及，它對其他屈服於智能的事物都有用處，但**自我**是高於智能的，而**現實**包含了一切。發明物無法說明它們的發明者，也無法說明它所產生的背景。發明物永遠隸屬於這二者。

現代物理學的核心追求——希望發現宇宙賴以運作的定律或規則——以非常可疑的假設作為前提，那就是：我們可以運用智能方面的探詢來理解現實本身。物理學能否說明物理學產生的背景？物理學界的確如此認為，因為那正是多數物理學家設法追求的答案。為了達成目的，二〇二一年物理學有兩個主要理論在尋求解釋有形宇宙，也就是，存在本身的**背景**。第一個是愛因斯坦的廣義相對論，第二個是量子力學，也稱「量子物理學」。簡單地說，兩者的目標是設法**預測**在一組特定條件下會發生的事，而這件事說明了那件事。

在愛因斯坦出現之前，牛頓的萬有引力理論是最受尊崇的定律，因為他似乎弄清了我們所見的物體為何以如此的方式運動。牛頓不全然是對的，但他的模型（錯誤地被稱作「定律」）似乎說明了事物的原理，無論是蘋果從樹上掉落，或是行星環繞著恆星運行。

牛頓的引力「定律」指出：宇宙中的每個粒子都會以某種力吸引其他的粒子，這種力與它們的質量乘積成正比，而與兩個粒子之間的距離平方成反比。如果你不喜歡這麼繁複的說法，也可以換個方式說：**萬物相連**。

牛頓的引力概念似乎的確解釋了為何蘋果會從樹上掉落，而非向上飄浮進入太空。然而牛頓本人對於他的方程式所暗示的「一段距離之外的作用」感到很沒把握，因為光是兩個物體待在那裡，並無法解釋它們為何穿越了空間和時間，**對彼此產生作用**。引力為何發生，而非根本不發生？換言之，引力來自何處？

一六九二年，牛頓寫道：「在沒有任何媒介的情況下，物體能透過真空對一段距離之外的另一個物體產生作用……這對我來說是很荒誕的事，我相信任何一個有哲學思考能力的人，都沒有人能理解。」但他徒勞地找尋這股引力的來源，最終未能找到它，不得不宣稱「因為許多理由」使他相信，這股力量背後有著迄今未知的原因；還有，這足以說明引力是真的存在！牛頓無奈地接受了這個結果，而我們每個人都認同了他的說法，直到愛因斯坦出現。

「引力不是來自於任何地方」，愛因斯坦說。因為引力並**不**存在。沒有任何東西能**立即**行進，包括引力本身的拉力。愛因斯坦提到，我們區分空間和時間的概念是錯誤的，它們是現實構造的兩個層面——**空間**－**時間**（**時空**）。在愛因斯坦的理論中，任何物質（或能量）的濃縮，例如恆星或行星，都會使得周遭的時空彎曲，而導致該構造的彎曲。因此，物體不是**作用於**一段距離之外的另一物體，它們只是造成時空幾何的扭曲，從而改變了附近物體的軌道。想像一顆放在撐開的床單上的籃球，這張床單便是時空。

愛因斯坦的理論比牛頓的定律更有道理，它似乎說明了牛頓定律所解釋的一切，而且還說明了更多。

如果樹上掉下這顆蘋果，它會落在我頭上。

——這是在預測的牛頓。

我以光速在移動，而你不是。你會老得比我快。

——愛因斯坦在做相同的事：進行預測。

愛因斯坦的廣義相對論已經被描述成一個「絕美的理論」。儘管它很美，但就算是愛因斯坦也會告訴你，這個理論無法解釋它所試圖解釋的一切，因此，它不是**真的**。我知道這不是應該寫出來、然後選擇閃避的言論，但我要這麼做。不過，我馬上會回來談這個話題。我們要用清晰之劍來斬殺所有的聖牛[21]，而在此之前，我們需要談談量子物理學。

量子物理學在極小的領域——次原子粒子、原子和分子——進行預測。量子物理學在幾個大方面有別於經典物理學。首先，它不同於宏觀的規模，在量子層次，物體似乎同時具備了粒子和波的特性（這稱作互補概念）。第二，在進行測量之前預測某個物理量的數值，其正確性似乎有所限制，物理學家稱這個問題為「不確定性原理」（又譯「測不準原理」）。

問題在於，互補是矛盾的。電子是局部的粒子或概率波？「它是兩者，但又無法是兩者。」科學家說。他們宣稱量子物理學不具備與經典物理學相同層次的確定性，藉以迴避這個矛盾。從什麼時候開始，我們用不同層次的確定性來描述一個自相矛盾的陳述？

也許，只是也許……那是錯的。

首先，沒有概率波這種東西。這是一個人為的概念，是用數學創造出來的東西，不存於心智之外。概率波是一種可能性波，只不過是可能性本身的另一種說法。如果你對物理學有些理解，你就明白電子事實上可以是兩者：在波的形態中，電子是完全可能的電子，它以純粹主觀性或潛在性的狀態存在。當我們轉而注意它，它就客觀化成為現實，作為一種粒子。你無法用物理學來解釋這件事，因為物理學試圖預測那些即將發生之事，但事情只在它們發生時發生。**一切總是正在發生中，因此預測是在追逐幻影，為過去找尋未來，卻讓現在溜走。**

愛因斯坦似乎更上一層樓，但他終究無法用所謂的量子力學（處理微小至極事物的物理學）定

21 譯注：「聖牛」（Scared Cow）一詞在西方被隱喻為不可質問、批評或挑戰的習慣、傳統或是理念。在企業管理界，每家公司都會設立一些規章、制度、流程等，這些多年累積下來的就會形成企業的文化，不知不覺中成為不可挑戰或改變的底線。

律，來調和他的廣義相對論（處理難以想像龐然大物的物理學）。他沒有能力用量子力學來統一廣義相對論，至今也沒有人能做到。

這兩個理論似乎解釋了某些事，卻沒有解釋到所有的事情。然而，一個理論若不能解釋它所試圖解釋的一切，就不能真正晉升到「定律」的位階，不是嗎？不僅如此，這兩個理論在某些相當重要的方面互不相容。所以，我們不只是擁有一個不盡周全的理論，而是擁有兩個無論合併或分開，都無法解決全部問題的理論。

常識會告訴你，這些理論是錯的。原因是：我們試圖藉由計算來理解事物。愛因斯坦拋棄了時間作為一種明確實體的概念，這麼做是對的。但當他決定保留時間，並將之依附於空間，他便犯了和其他物理學家相同的錯誤——試圖預測事物，只是在層次與規模上不同而已。他本該完全拋棄時間，因為時間根本不存在。上述兩個理論無法統一的原因在於，它們都是建立在某個不存在的東西上，再也沒有比之更脆弱的基礎了。

然而，科學家很難放下這些理論。一個可以解釋某些事物、但無法解釋其他事物的理論，沒有被視為錯誤，而被視為「不完整」，如此一來，所有投入這個理論的想法便不會被浪費掉。一旦承認想法是錯的，就必須重新開始，而如果堅持想法是對的，只是不夠完整，那麼你便能繼續做你正在做的事，這就是物理學的作法：如今，物理學家沒有拋開兩個不完整的理論，反而在尋求第三個理論——一個可以解決一切問題的理論。

這個應該可以達成不可能的任務的第三個理論，稱作「萬有理論」。這是一個貫通萬事的理論，一個假設的、無所不包的物理學理論架構，將完整地解釋與連結物理宇宙的所有層面。可是，這事永遠不會發生，因為我們無法創造出一個可以包含一切的東西，包括我們自己在內。的確，我們所能使用的工具中，只有一件能達成目的，而它不全然是一件工具，那就是**「自我」**本身。那是一致性所在之處，它不存在於外界，它就是**我們的內在**。

訣竅是將時間——亦稱測量——從境況中完全去除。只有這樣，你才能看見真正在發生的事，也就是**覺察**到正在發生的事。因為世上沒有一種叫「時間」的東西，唯有現在。「現在」是一種將成為什麼的狀態，意味著**任何事都可能發生**。不完整的物理學理論也不可能用任何別的理論來加以統一，因為它們假定時間存在，其實不然。留給我們的只有現在，而那不是你能計算的東西。你無法對無限可能性進行計算，因為它同時就是一切。

當數學試圖藉由計算或然率來縮小可能性的範圍，它必然無法考慮到所有可能發生的事，不失正確地說，是任何一件事。由於數學的確設法去預測事物，但依其本質與設計，它無法理解存在的一切事物。不僅如此，因為假設了時間存在，所以數學已經使得自身在設計階段就變得無效了。同樣的論點也適用於時空：任何假設未來可能發生什麼的理論，基本上就有缺陷，因為沒有這種叫作「未來」的東西。

愛因斯坦是個偉大的科學家，因為他將物理學推衍到極致，然而到了理解的下一步——統一——卻需要拋棄物理學本身。因為此時的挑戰不是要解決某個物理學問題，而是要解決將物理學從中去除的問題。當你具備正確的觀點，一切自相矛盾的事都注定要瓦解。

沒有一種叫作「未來」的東西。
事情不可能在未來發生，因為未來不存在。
唯一可能發生的事，是現在正在發生的事。

物理學家海森堡出色地說明了物理學的致命弱點。「當我們在這個時代的精密科學中談到自然的樣貌，」他寫道，「我們指的不是我們**與自然的關係**……科學不再以客觀觀察者的身分來面對自然，而視自身為促成人與自然相互作用的角色。分析、解釋和分類的科學方法已經意識到其侷限之處，這些限制源自於科學憑藉著它的干預性，而改變並重塑了它所欲研究的對象。換言之，方法和對象再也無法分開。」

話雖如此，但方法和對象一開始就不曾被分開。我們沒辦法保持、甚或努力去獲取客觀性，因為宇宙是**純粹的主觀性**，方法、對象、科學、科學家以及粒子都是**合而為**一的，我們並非真與自身之外的事物產生了**關係**。世上只有一種真正的關係，那便是**統**一的體驗，當你明白宇宙不過是**自我**的顯化，你不只會感覺自己存在於周遭萬物之中，也會感覺到萬物存在於自己身上。

其挑戰不在於和眼下事物保持適當的方法論距離，而是明白所謂的「距離」只是假象，沒什麼東西可以被分析或解釋或分類，唯有覺知而已。我們在發現粒子之處發現粒子，不是因為它們可能在這裡或那裡，而是因為那裡是我們集中注意力的地方——**因為我們覺知到了它們**。

換言之，是觀看的行為導致了某個東西存在，而不是反過來的那樣。一想到二十世紀和二十一世紀所有關於量子物理學進展的論述，你會感到有些好笑，因為我們在幾千年前就知道這些事了。瑜伽修行者波顛闍利（Patanjali）曾說：「被觀看者是因為觀看者才存在。」❸我們以為我們理解了很多事情，事實上，我們忘記的東西比學到的還多。

＊＊＊

疫情隔離期間，我讀到一本名為《盲點》（*The Blind Spot*）的好書，作者是威廉・拜爾斯（William Byers）。在某個章節他說到，當我們沒有能力了解真實的本質，人們會如何反應。這段寫得好極了：

「說到我們那強大且精妙無比的智能無法滲入最深層的真實，對此〔我們的〕反應是立即加以否認！」「我們文化的整個推動力，是利用理性的心智去安排出一個理性的宇宙。科學位居這種傾向的最前線——科學承諾能使未知變成已知，清楚地對心之眼展現

出宇宙的全貌。透過科學得到的無限理解，可望帶來因科學而生的無限力量，好讓我們控制環境、消滅疾病，還有，或許有朝一日甚至能擊敗死亡。這是理性的夢想——我們的文化便是奠基在這個強勢的神話上。❹

終極的「科學瑜伽」是一種直接的體驗，我全力贊同瑜伽以及**自我**與**全體意識**的結合，所以我不是全面地反科學，我只是反對西方世界所構思和理解的科學，這種科學通常透過測量在研究我們**自我**之外的事物。

「**自我**」的研究現在非常流行，那是最終唯一值得研究的東西，因為一旦你明白此事，就會知曉其他的事。《波顛闍利瑜伽經》（*Yoga Sūtras of Patanjali*）是最知名的瑜伽科學「教科書」，該書不涉及智識推理，或針對這個或那個理論提出辯駁，它只是一本關於了解**自我**的實用專著。當你修習瑜伽，你是在練習專注或馴服你的心，最終目標是看清你的真正本質，也就是存在本身，唯有現在可得。

我問喬伊，有關「**現在**」是什麼，她回答，那是最長也是最短的時間。但即便是從不出錯的喬伊也對此有點誤解，我認為，「現在」既非最長也非最短的時間，因為它完全位於時間之外。它只不過就是——現在。

瑜伽中有個概念談到「用無知擺脫無知」，意思是，提升你的相對無知狀態並不是一件太壞的事，只要你朝正確的方向移動。斯瓦密．沙奇達蘭德寫道，「用較好的無知來擺脫較壞的無知。」由此觀點來看，愛因斯坦的確值得受到尊崇，畢竟他的猜想比任何人的猜想更有趣，然而只因某件事有趣，不代表它就是真的。「在最終的分析中，」沙奇達蘭德又說，「只有了解之光會驅散無知的黑暗。」

最近我看了《我們懂個X？》（*What the Bleep Do We Know!?*）片段，這部電影假定量子物理學與意識之間的關連，某個物理學家竟宣稱科學家已「證明」現實的構造是一個統一場。那實在太可笑了，這部片中暗示物理學能夠理解統一性，那簡直好比一個人打算用羽毛來打開門鎖。

萬物之間的關連只是談論上帝的另一種方式。上帝無法透過心來理解，因為心是物質，而上帝遠比物質更微妙。只有當我們能超越心，才可能出現上帝經驗。換句話說，我們無法證明潛藏於萬物中的統一性，它就是存在，而且必須透過體驗才能了解。

對統一的覺知或意識，是以測量為基礎的科學所無法觸及的，物理學家的工具並沒有理解事物的能力，世上沒有「意識物理學」這種東西，也永遠不會有萬有理論，因為你無法在任何東西之中包含一切。

＊＊＊

在我們的認知中，精準悖論的範圍擴展到物理學之外，進入了現行大多數的社會科學。然而，我們是否真有必要一再重申這個論述，只為說明相同的要點？尋求預測人類行為的真實模型，絕對無法捕捉所有的可能性。有些模型可能做出一些相當有用的猜測，例如，萬一足球場的一端發生火災，大量的群眾會跑往哪個方向？然而一說到個人行為，科學總是力有未逮，因為它無法解釋稱作「愛」這個宇宙的創造力，以及個人選擇因素的變數。

當經濟學作為一門**科學**——利用模型來實踐——它總是力有未逮。最近我讀到一本名為《任性》（*Willful*）的書，書中試圖說服讀者：儘管理性選擇理論（亦即我們全都是機器人的理論）是錯誤的，但或許也**足夠正確**了。這種說法很愚蠢，因為積非不能成是。當我們沒有答案，我們就需要學會承認，而非設法想出一個錯誤但也無可厚非的方法。

如果我們希望讓經濟學有所進展，首先，我們需要將焦點放在公司存在的理由，以及公司裡的人為何要做他們所做的事。這種方法將圍繞著我們的想像力和語言，這兩者被用以處理所有決策中必不可少的不確定性，或稱作存在；我們在每一個**現在**做決定。能引領風騷的那人名叫史賓德[22]，這幾十年來，他一直設法引起大家的注意。

至於其餘的社會科學，包括行為經濟學、犯罪學和其他所有關於**心的科學**，你都會發現相同的問題。例如，你見過一座開滿了花的花園，心想它真的很美！但當你看得更仔細並想到：「天啊，我不知道它到底有多美？」你認為有可能測量這兩個想法的差異嗎？有些事就是無法計算，對吧？但當我們依然堅持設法計算一切，便等於繼續走在一條錯誤的道路上，這條路存在著混淆，而非清晰。

我們無法計算那些真正重要的事，只好計算所有不重要的事。每一天，我們不停計算和清點毫無用處的數字，我們執迷於能增進理解的精準概念，結果讓數字惡性接收了常識。我們為何讓這種事發生？由於缺乏答案（順便一提，那個答案就是**愛**），我們似乎寧可有個答案，也好過於沒有答案。

如果把愛放在顯微鏡下，看起來會是什麼模樣？這是個可恥的問題。你可知道什麼事情也同樣可恥？那就是「愛是可以計算的」這樣的想法。或者，計算的對象變成了快樂，或智力。然而，這種瘋狂可說沒有止境，我們迷戀統計學的語言，對因果關係產生的狂熱更甚以往。

當有人引述某個統計數字來顯示他具備了某種科學基礎，這裡我可以提供一個簡單的應付方法。問自己以下問題：如果有人想用那個數字做某事，那會怎樣——他們能用數字來做什麼？舉例來說：「有百分之四十五的人相信疫苗的效力。」你能用這個數字做點什麼？如果沒有明確答案，那麼這個數字便毫無用處。我不是反對測量，我只是質疑在超過某個程度時，「精準」的價值何在。人生中幾乎所有階段都有某個時刻，當精準度進一步提升，就會伴隨著理解度的下降。

---

22 譯注：史賓德（J. C. Spender）為英國知名管理學學者，曾發表論文研究管理者如何應對不確定性帶來的挑戰。

該是我們開始聆聽常識的時候了。常識是我們所能運用的最有力工具，但近來，我們卻將它置於外部的測量工具之下。每當你睜開眼睛，你的大腦便創造出一個完整的宇宙，而你是否曾見過人造工具創造出宇宙？

＊＊＊

我知道我們何以走到這個地步：工業革命之後，科學家極受尊崇。我們之中那些數學傾向較低的學者和思想家擔心落於人後，因此決定也運用起測量工具。社會科學是那個決定的結果，於是許多社會科學忙著從事沒完沒了的調查、純粹胡鬧的測量，並且誤入歧途地試圖規劃這個社會。

統計學，按定義而言，對於個別的經驗不感興趣，即使它對於那些迷戀「量化的自我」（Quantified Self）概念的人有些吸引力。我在前文說過，單一的數字本身不包含意義，只包含了它自己。好比說，數字十四，就只是數字十四，僅此而已。

面對這種匱乏，統計學家回應的方式，後來被稱作大數據：如果一個數字不包含意義，那麼成堆的數字又如何？換言之，如果一個數字不夠，或許我們能在超過一個的數字中找到意義？這個邏輯不盡然說得通，不是嗎？唉，我們引進了「更多就是更好」的觀念，但其實，只有更好才是更好。

在未知究竟之前，每個人都用一堆數字來武裝自己，而且只要講個有關數字的故事，你就能找到聽眾。此後，大家都不敢引述個人經驗來作為事情的證據，因為它沒有那些伴隨而來、看似重要的數據。

我們無法測量恐懼，所以我們忽視它——當我們試著去了解像病毒這樣的事物時。恐懼可能使你生病，對吧？而生病也可能使你恐懼，但我們卻忽視了它，因為我們無法測量恐懼。愛有療癒的功效，但我們在從事科學時也忽視了它，因為愛也無法被測量。當我們執迷於某些能夠被量化的事物，我們便看不見那些更強而有力的、不能被量化的存在層面。

如今，當我們談到社會變化，幾乎總伴隨著幾組試圖加以證實的數字。但變化不是一股腦兒地發生在誰的身上，而是發生在你、我和每個人的身上，以個人為基礎，然而我們甚至不承認發生了變化，直到它顯現在數據上為止。談到過去的生活，一旦某件事顯現在數據上，它早已消失了——所有統計數字都是人造物——於是，你不再談論現在。

我們是否應該利用統計學，設法從多數人的角度去解釋少數人的困境？我們樂於相信這辦得到，事實上我們辦不到，在最重要的幾個存在領域——愛、生活、快樂——我們辦不到。然而，我們還是繼續嘗試。巴克爾（Henry Buckle）在他一八五七年的《英國文明史》（*History of Civilization in England*）一書中宣稱，「人類行為受到如同物理學世界中固定不變的定律所規範，此事已經被統計學證明了。」❺那是胡說八道。

因為，將來絕不會出現一個能解釋萬物法則的物理學理論，只有某個無法掌握全部現實的不完整理論。此外，也絕不會有一個高度一致性的人類行為理論，某種能告訴我們某人會做或不會做什麼的統計學定律。平均的「一般人」並不存在，任何假定不同情況的理論都犯了物理學所犯的相同錯誤，那就是，試圖將無限可能性塞進一個方程式中。

如果我們要在這個稱作「人類」的計劃中有真正的進展，就必須放棄統計學般精準的語言。這件事情很困難，因為它已深深滲入我們的認知架構和語言——例如因果關係、相關性、平均、平均值等詞語，早已支配著現代的論述。但在許多情況下，這些數字的意義不是測量本身，而是它所提供的操縱，因為事實證明，如果你能用數據來支持某個論點，那麼你會比較容易控制人們，說服他們相信你的觀點是正確的，並且照著你所說的去做。現代政治和意識形態就是在設法測量人們的意向，然後將那些建立在人們觀點上的想法，推銷給同一群人。

某種程度上，我們也許能鼓起勇氣承認，我們倚賴著一種固執的方法來解決生活問題。數學和科學能成就許多事，卻無法處理一致性的問題。諷刺的是，我們持續透過它們以求得確定和精準，但它們永遠無法產生**真相**。物理學有助於解決某些問題，但如果你在找尋一切問題的最終答案——開悟——那麼，它甚至不知從何開始。

在我結束有點讓人頭昏腦脹的這章之前，讓我們談談最顯眼的測量者錯誤吧。物理學家會告訴你，沒有任何東西的速度能快過光速；他們利用測量工具推斷出了這個結論。但他們錯了。什麼東西的速度更快？心，當然了。清晨在光還來不及起床之前，心就能穿越你與上帝之間的距離。科學家不理解這種事，他們以為他們已經測量出思想的速度，並推斷它遠慢於光速。我在二〇一四年看見以下頭條：「物理學家表示：光速比思想慢。」❻我不認為他的意思是我想的那個意思，但他是對的。

你能全然真正確信的一件事，就是「你存在」的這個事實，僅此而已。但我們全都只是一個大整體的一小部分，是宇宙領域能量的個別顯化。一個物體似乎能對一段距離之外的另一個物體起作用，理由在於它們是一體的。我們全都漂浮在可能性的波（或「場」，你想怎麼稱呼都可以）；學者暨冥想家穆勒——奧蒂嘉（Paul Eduardo Muller-Ortega）稱之為「不停在萬物的核心中奔騰的極樂、宇宙的、創造性的波。」❼就像魚在水裡，我們也處在某種事物之中，你無異於它，你是它的一部分。如同吠陀哲學家說的「彼即為汝」。

你可以在網路上找到愛因斯坦與哲學家泰戈爾的對話。❽他們發現彼此對若干事情有一致的看法，但在一個重大問題上意見相左。泰戈爾說，真相與美並非獨立於人外，而愛因斯坦同意美是如此，但真相則否。他說，雖然他無法證明，但他相信真相獨立存在於人之外。物理學正以愛因斯坦為榜樣，全都在人類自身之外尋求真相。

科學家製造工具來找尋定量宇宙，但這些工具無法理解一個全部結合在一起的事物，也就是可能性。我們在談的是宇宙的創造力，也稱作愛。愛沒有數字，你無法計算「連結」本身。愛因斯坦錯了，泰戈爾是對的。真相存在於你的身上，因為你就是宇宙。

第九章　答案是非賣品

又來了：選擇你要相信的事。
他想要真相。為何每個人都如此決然地認為他不應該得知真相？
——《哈利波特：死神的聖物》

我先前提到，我在投資銀行高盛公司展開職涯，那裡是最接近資本主義核心的所在。雖然兩年後我明智地離開了金融業，但我在職涯中花了大半時間撰寫關於資本家及其奴隸的事。接下來的內容不一定跟我具體相關，但的確出自我這半輩子對於這類事物的思索。不過，我會守住在早前在書中的承諾，不談論特定的人物，我要談談我們給自己創造的制度。

＊＊＊

歷史上的某個時候，一群自稱資本家的人出現了，而那些運用人類巧智以解決實際問題的科學，也讓人們得以製造、購買、販售和貯存種種物品。這時，資本家需要一個地方，來存放他們始終拖在身邊的所有東西。他們應該將財產寄放在哪裡？他們決定將土地分成若干部分，也稱「地產」[23]。每個人都將財產存放在他們的地產上，或者，有時則貯存在別人的地產上，這麼一來，等明天終於來到，他們就會知道每個人的東西放在哪裡，然後就能坐下來享用自己所擁有的東西，然後……

事實上，他們還沒想清楚那部分的事。但他們知道他們隨身帶著屬於自己的東西，無論那是什麼。將來如果他們需要食物，他們可以賣掉某些東西，從別人那裡換取一些食物。然而，假如沒有人想要他們的東西怎麼辦？假如今天很貴的東西，明天就不值錢了，又該怎麼辦？從前他們會問預言家和算命師關於天氣的事，但科學家已經能夠解答。所以，現在他們要求科學家從事另一項任務，也就是告訴他們：什麼東西將來會有價值。他們稱這批特定的科學家為「經濟學家」，並賦予這些能執行任務的人應得的尊崇。事實上，這是一件不可能的任務——**預知未來**。

此後，事情變得更複雜了。他們製造出非常多的東西，多到再也沒有人知道誰該做些什麼，而且如果你想滿足未來的需求，光是弄清楚你需要製造多少東西，就是一件困難的事。就這樣，工作被分散開來了，工廠在這裡、配貨倉庫在那裡，別處有購物商場，最後演變成大家所知的**經濟制度**。

這是一件複雜的事，而且命運有時會從中作梗，讓整件事瀕臨崩潰，他們稱之為「經濟衰退」。就像塔雷伯[24]說的，要區分大多數人造物與自然物的方法就是：人造物終究會瓦解，這包括了經濟、國家、制度、所謂的科學革命、貨幣，以及你在沃爾瑪超商能買到的種種東西。

我說到了哪兒？喔，沒錯，有太多的事情要記錄。但有件事真的很難記錄，那就是，人們應該做些什麼**工作**。大家開始報名擔任某些看起來重要的工作，有人甚至創立了「學校」，好讓你成為這項或那項工作的最佳人選。還有人開始販賣一種稱作「領導力」的東西，這種東西似乎只能在學校裡買到，而不是了解自我，看看自己真正屬於哪塊料。許多人相信這一套，所以我想它多少有點兒管用，但他們販售（或購買）的其實不是領導力，而是一些沒有價值的東西。然而，大家都在買賣這個東西，所以沒有人在意。

這一切為什麼變得這麼複雜？其實，**現在**一點也不複雜，而另一方面，**明天**似乎相當複雜。誰能解釋？當然是專家。但其他的人呢？有些工作是如此不具意義，因此很難知道誰在做些什麼事，還有，這些事到底是為誰而做。如果每個人都必須被指派一項工作，他們能不能讓這個記錄工作成

23 譯注：財產和地產的英語同為property。

24 譯注：納西姆・尼可拉斯・塔雷伯（Nicholas Nassim Taleb）為黎巴嫩裔美國人，知名思想家、金融業人士、風險工程學教授和作家。

為某個人的工作，這樣一來當情況危急時，事情就不會變得亂七八糟？

這份工作在科學家眼中不太像「科學」，所以他們裹足不前。此時，有一批自稱「管理者」的人說，他們願意幹這件差事，這群人中也有些人聲稱自己是科學家，然而沒有人知道如何看待這個稱謂，不過，已經沒有時間另覓人才了。命運可能藏身在現在的某個角落，而未來則要求出自今天觀點的某種結算和規劃——這就是「研究」的用處——能告訴人們該怎麼辦的一堆數字和「數據」。

那麼，誰要負責鼓舞士氣，又要如何利用「科學」方法來鼓舞士氣？這時管理主義的救星出現了！這群人自稱「管理顧問」，專門負責找尋一條通往未來的路。他們擁有稱為「策略」的工具，他們堅稱必要時你能利用策略來改變途徑，一旦你發覺走錯了路，只需稍稍修改策略，它便能替你找到另一條路。

對此人們半信半疑。切確地說：有鑑於幾乎沒有人知道或如何制定所謂的「策略」，因此，你要怎麼只靠著修改策略來找到正確的路？「聽好了，」管理顧問回答：「我們是世上僅見最有才能的科學家團隊，這只是小事一樁。你需要建立一個模型，那就是你的策略，一旦那條路看似不正確，你只需調整稱作「變數」的某個控制措施，就能再度朝向正確的方向。」

* * *

資本主義的問題，是它產生了一個名為「金錢」的怪物，以及與之對應的貨幣供應量。金融刺激的整個概念顯示出貨幣制度在本質上的荒謬。由於經濟會凍結，所以答案就是趕緊將金錢送進循環之中？從明天拿錢來交給今天失業的人？從我身上拿錢，然後再退還給我？我們到底在想什麼？這個讓我們設法在其中交換價值的體系，究竟是怎麼回事？試想，如果人人都選擇要做出有價值的事，那就沒有人會需要一份工作。如果你想知道更多關於資本主義摧毀靈魂的這個層面，不妨讀一讀格魯伯（David Graeber）近來寫的《40％的工作沒意義，為什麼還搶著做？》[25]一書。

格魯伯同樣不是在指責某一批特定的人，在他的分類系統裡，「狗屁工作」之所以是「狗屁工作」，不是因為你認為我的工作是狗屁，而是因為你認為**你的工作**是狗屁——狗屁工作是由做狗屁工作的人來定義的，這實在很嚇人。我們有多少人每天醒來之後，執意去做那些我們視為狗屁的事？

從前的我就是。我寫著我不想寫的書，我寫著有關小甜甜布蘭妮的專欄。老實說，在現代資本主義經濟中，不覺得自己的工作至少在某些時候堪稱狗屁的人倒很罕見。我們為什麼走到這個地

25 譯注：《40％的工作沒意義，為什麼還搶著做？》（*Bullshit Jobs*）由大衛．格魯伯（David Graeber）所著，犀利批判狗屁工作貶抑了人的存在價值，更助長了當前社會反智民粹對立。繁體中文版於二〇二三年由商周出版。

步？我們為什麼要花費寶貴時間去做那些看起來愚蠢的事？因為我們全都相信自己需要一份工作，儘管我們應該專心做點喜歡的事。

如果我們決定要找到熱情，並想清楚如何去做那些被認為有價值的事，那又會如何？如果我們只追求熱情，並交換同等價值的東西，那又會如何？在那樣的情況下，你不會產生經濟危機，因為任何事物都不會泡沫化，因為沒有會隨著群眾瘋狂而膨脹或緊縮的紙製資產。如果我們全都專注於創造那些真正具有價值的事物，就不可能有人會失去工作，因為你是出於自己喜歡及受到別人的重視，才去做那些你正在做的事。這麼一來，事情不是簡單得多嗎？（如果你想深入了解此事，不妨去參觀火人祭）[26]。

喬伊向我指出《編織聖草》中令人驚艷的內容，書中描述說，英語是一種以名詞為基礎的語言。我們如此著迷於物質，以致我們的單字裡只有百分之三十是動詞，不像北美波塔瓦托米族（Potawatomi）的語言，動詞就佔了百分之七十幾。請稍微思考一下：如果你將生命看成行動的機會，你需要動詞；如果你將生命看成是蒐集或擁有東西的機會，你則需要名詞。我們的認知架構是由我們所使用的語言所創造，難怪西方人已經失去了靈性途徑。我們忙著囤積身邊的一切，因為資本主義依賴一個前提：一切東西都是稀缺的，而且你最好在別人將東西佔有之前，先行據為己有。

在《哈利波特：阿茲卡班的逃犯》中，哈利波特幾乎說服自己，他需要一把嶄新的飛天掃帚——火弩箭。那是個獨家商品，只以詢問價來販售。❶我們為什麼會上這種屁話的當？被告知對方設法想賣東西的價格難道是種殊榮？我們必須去詢問價格，彷彿向對方要求某個東西，而不是反過來？順便一提，榮恩——哈利最好的朋友——一家子只買二手貨，然而他們快樂的不得了。J・K・羅琳在奇幻故事的掩護下告訴了我們一些再明顯不過的事。

資本主義的問題是，它鼓勵人們去敲別人的竹槓。在教授策略時，哈佛商學院教那些剛起步的企業家如何壟斷市場，到時便能向客戶任意索價。

我的朋友比利（Billy）是我認識的人當中最好的木工，然而他收費很公道。為什麼？因為他不是**資本家**，他不只是個真正的好人，也知道如何做好某件東西（他是**專業人士**），他跟我交換金錢和友誼。人們在洽商交易時，總是設法想用對他們而言最少的代價從別人身上得到最多的東西，而比利和我則想出一種交易方式，讓雙方都能從對方那裡得到彼此確實想要的東西。

資本主義的問題是，資本家以為他們擁有勞動力。他們視之為做生意的成本，有點像擁有一部機器——這令人反感。我認為每個人都應該擁有自己的勞動力。試想一個我們全都擁有自己勞動成果所有權的社會，該是多麼美好！此外，股東作為「擁有者」的概念同樣令人反感，因為這曲解了

26 譯注：火人祭（Burning Man）是一年一度在美國內華達州黑石沙漠舉行、為期九天的活動。參加者可以在沒有商業氣息及物資匱乏的實驗式環境中，體驗一種不受束縛的藝術感官旅程。

所有權的概念——擁有者擁有了勞動者的想像力成果。

資本主義的問題是，它使我們以為我們有非常多的工作可做，結果我們變成多功處理，事實上你無法同時做好兩件事。在《哈利波特》中，妙麗拿她的學期課表給榮恩和哈利看，榮恩問妙麗，她怎麼會以為她能修習同一個時段的三門課？說真的，這要怎麼辦到？

資本主義的問題是，它使得你去瞄準未來，將你帶離了今天。查理・吉列（Richard Gillett）在他的書《真是一團糟：如何在分裂的時代成功發展》（*IT'S A FREAKIN' MESS: How to Thrive in Divisive Times*）中清楚說明，這對我們個人和集體幸福是一件多麼危險的事，因為未來不只是焦慮的源頭，經常也是失望的源頭。

「當我們……要求事情**應該**按照我們想要的那樣發生，一旦事情發展不如預期，我們就深感失望。」他寫道，「我們跟某個心裡想像的結果、跟我們無法控制的命運做了**約定**（appointment）。當約定沒有實現，我們就感受到失望〔失去——約定〕（dis-appointment）的劇痛。我們怪罪生活沒有如願而感到痛苦，卻不明白這痛苦源於我們自己在心裡預先建立的約定。而當朋友、家人或全體社會都有相同的期望時，我們就更難放下它們。」[2]

資本主義的問題是，許多人不再參與實際的價值創造，所以他們甚至不再認識價值，因此會為了買而買那些一文不值的東西。

資本主義的問題是，人們以為價值是可以計算的東西，但真正的價值不是一個數字。真正的價值是當你用愛做某件事所創造出來的東西，真正的價值是愛。當你遇見某個真正有價值的東西，它會**讓人發癢**。那是大腦因為你致力於存在而酬賞你的感覺。所有那些忙著以金錢為標準，告訴我們事物的公允價值的風險資本家、銀行家和華爾街之流，根本不知道他們在說些什麼。用愛創造出來的事物的價值，不在哈佛商學院，而是在霍格華茲被教授的黑魔法之中；至於其他的一切，都只是叫人分心的東西。

資本主義的問題是，太多人做著無意義的工作，結果再也沒有人知道怎麼做事，最終只是設法用假貨來抄襲別人。抄襲也就罷了，但偷竊是不可以的。資本主義的問題，就是因為人們不知道如何創造價值，所以乾脆整天彼此抄襲。

美國人喜歡說中國人是世界上最壞的偽造者，但那只是一種投射或反映。美國資本主義實際建立在一種概念上，那便是，如果你想不出來如何進行某件事，你應該想辦法依附別人的方法，從中吸取一些價值。既然我寫出這句話，我自然明白美國資本家是寄生蟲，而不只是個抄襲者。就某方面而言，我們都是抄襲者，因為沒有原創的想法，只有新奇的想法。另一方面，寄生蟲依靠別人的能量存活，你知道的，包括別人的愛或別人的創造性生產（那也是愛），或者別人的慷慨。

* * *

這一切為我們帶來了**新聞**。如果你打開電視、報紙或Google News，你難免以為今天的新聞就是今天的數字。今天氣溫多少度？股市表現如何？誰以多少分贏了哪場比賽？因為我們已經在工作上接受了量化的框架，我們已經相信任何重要的事都可以用數字來表達。

今天死了多少人？
疫苗在多少個月之後問世？
我的疫情紓困金有多少？

在那樣的社會，新聞是數字。

而在一個以實際價值為中心的社會，新聞是某個人創造出來有價值的新東西，不需要數字。換言之，新聞是新鮮的東西，在這樣的社會，人們會研究「下癢經濟學」（Tickle-Down Economics），而非它那傲慢、討人厭的真實世界對應者——「下滲經濟學」（Trickle-Down Economics）。

新聞業和自由派菁英喜歡談論人工智能及其限制與可能性，並喜歡對人工智能所代表的一切意義進行思考。「人工智能絕對無法取代真正的寫作和編輯！」作家和編輯們以懷抱希望卻害怕的語氣訴說著。然而，我們不是已經這麼做了嗎？每過一天，都有越來越多的故事出自(a)演算法或(b)分析某組數字得來的結果。

我們早已在**計算**一天當中的故事，即使我們毫無自覺。二〇二〇年五月的某篇頭版新聞報導宣布，美國新冠疫情死亡人數已經超過十萬人，還說總數「不可計算」。首先，死亡人數不是一種計算，而是計數。雖說十萬是個大數目，但完全可以數算。當然，他們的意思是，那麼大的數字可能難以理解。即使該報接著說，如此巨大的悲劇之兇惡難以理解，而且不應該用數字來理解，但他們繼續那麼做。關於數字對我們所造成的影響力讓人十分困惑，前一句還在利用數字，下一句便棄絕它們。

不過，事情不必非得這麼做，我們可以利用文字來理解本質，我們可以將數字丟在腦後。

你知道什麼事很有趣嗎？我的整個職涯和生活離不開數字層面，直到前幾個月，我才終於明白我們發生了什麼事。二〇二〇年五月之前，我每個月花四十美元訂閱彭博（Bloomberg）線上新聞。彭博只不過是一部配備了人員的巨大電腦，這些人自我催眠他們主導了一切，其實是數字主導了一切，關於那個地方的一切，包括他們要你在建築物裡別上的名牌——老大哥（Big Brother）說。數字正在獲勝，朋友們。

但我不想單找彭博的麻煩。我想指出我們所深愛的媒體，不是我們真正想要或需要的媒體。以往我也曾在星期天花費多到荒謬的時間閱讀上百頁《紐約時報》新聞，以為那樣會讓我變得聰明。然而說到花時間，還有什麼比閱讀昨天發生的事更沒意義？我們來談談「陷在過去」這種情況吧，任何一個藉由浪費**現在**，而將星期天花在以為自己會變得**更聰明**的人，都錯失了生活的意義。沒錯，你可以藉由閱讀將文字餵給大腦，我是酷愛閱讀的大書迷，我希望你也是，因為我的生計有點兒倚賴它。但你的大腦更喜歡體驗經驗，生命需要透過體驗來理解。

然而事情還沒完。新聞的確專注於過去，但它們也思考未來。大多數受到敬重的專欄作家理應能夠分析昨日的新聞，來協助我們規劃出一條進入不確定性未來的路。在《哈利波特》中，霍格華茲的報紙稱作《預言家日報》（*Daily Prophet*）。J・K・羅琳這樣的描述還不夠清楚嗎？我們讀報紙是為了讓它們改寫過去和設法預測未來（用預期中的結果），我們全都以為自己會變得更聰明、對未來**更加地消息靈通**，然而，我們真正做到的只是浪費掉讀報紙的時間。

＊＊＊

每件有價值的事，都需要透過體驗來理解。舉例來說，聆聽現場音樂演奏的錄音可能帶來不錯的體驗，但無法讓你親身感受演奏本身。如果你不曾體驗過某事，你只能靠想像，這代表它根本沒有真正發生。心智模型跟其他模型一樣——它們不是真的東西。如果我們相信模型裡——亦即在我們頭腦中——的生活，我們乾脆去買個自己生活的盜版複製品就好了。

你知道，當某個孩子設法去理解另一個孩子的想法，他會開始模仿後者的舉動或他所說的話？這招總會奏效，被折磨者最終會大叫：「別再模仿我了！」為什麼別人模仿我們時，我們會惱怒？我告訴你原因：因為那提醒了自己，我們全都是一體的，以及，自我並不喜歡聽見這類觀點。自我自認是特別的，而做出相同事物的他人是以某種方式在**偷竊**我們的東西。當然，事實是，人人都在模仿彼此，因為我們都只是同一個宏大的概念、意識本身和宇宙的個別顯化。我們都是愛。

讓我們將這個架構擴大一點，以便談談生命本身。生命中並沒有所謂「原創」的概念，唯有一個概念存在，而我們只是在複製彼此的版本。當然，某些人的版本比其他人更具說服力，我們從而獲得很棒的藝術和很棒的想法。

那是一切偉大事物的出處——當某人透過用心和專注力凝聚出一套經驗，促成了一個更明晰的自我，當你這麼做，你版本的那個唯一概念，亦即**愛**，就會更容易被辨識出來，於是人們喜歡接近你。當你在他們身旁，他們會覺得**發癢**，因為那是愛的感覺。

確切地說，發癢是愛的**語言**，那是愛的傳達方式，從一件事到另一件事、從一個人到另一個人、從每一個人到他自身。當你愛上某事或某人，它會在方方面面使你發癢。

J．K．羅琳在採訪中勉強列舉了影響她創作哈利波特的幾位作家。有一群「學者」認為，設法編纂這些作家會是個有趣的點子，而不光是去閱讀這些書。學者喜歡做這種事——他們研究別人的作品——而非在生活中學習，從而創造出藝術。然而，羅琳是這麼說的：「我絲毫不知道我的點子來自何處，或者我的想像力是如何運作。我只是很感激這一切，因為它帶給我的樂趣更甚於它帶給別人的樂趣。」

關於最後一點，我不是那麼確定，羅琳，你看低自己了。此外，我的確知道她的點子來自何處：它們來自意識、大腦和宇宙，這顯然是她懂得充分利用的東西，當她以天曉得有多長的故事形式，以及最棒的表現形式（也就是童話），將那唯一的故事和愛，傳達給每一個人。我的意思是，羅琳寫了一本關於兒童的書，其實這本書的主題也關於成長，也稱「生命」。所以，羅琳寫了一本關於生命、關於愛的書，和其他所有故事一樣，基本上她抄襲了每一個說過這個故事的人。維基百科上的名單實在太短了，事實上，她的點子來自於每一個人。

我知道這麼說有點不合邏輯，但我想談一下有關鬼的事。你相信有鬼嗎？有件事我從前一直很難接受：「鬼」是一個固定不變的概念，即使當我們每個人都在改變自己。然而，假使鬼並非某個人的回聲，而只是那人曾經有過的某個想法的回聲呢？如果你接受意識之說，那麼相信人們的意念仍然飄盪在他們曾經居住的地方，就完全不是一種超自然的事。

或者，換個說法，你最親近的親人（我們全都有親戚關係）仍然以意念的形式在你附近徘徊，這並非超自然的事。

不久之前，M跑上樓去試穿她的泳裝，她脫口而出說：「我瞬間就下來。」那句話讓我突然怔住了。

「你從哪裡聽來那種說話方式？」我問她。

「我不知道，從你那裡？」她回答。

她錯了，我不會說「瞬間」（jiffy），但我告訴你誰會——我的父親唐·麥當諾。他以前總這麼說。我明白在那個片刻，我父親透過我的孩子在對我說話。或者，如果你願意相信，我父親的意念正在對我說話，因為它們是那個宏大概念的一部分，這個概念即**意識本身**。

我曾在Instagram上貼出一些文章，告訴老爸說我想念他，結果我的老朋友福斯特（Dave Foster）寄給我一個連結，告訴我「瞬間」事實上是一種時間單位，在量子物理學中的定義是光行進一費米（fermi）所需的時間，距離大約是一個核子的長度。

我告訴過你時間並不存在，因此當M說出那句話，我父親確實是透過她在開玩笑。我父親在提醒我，他利用那個用語向福斯特和我指出時間概念的愚蠢。我父親沒有消失，他就在這裡，他永遠待在此時此刻，因為唯有現在存在。我父親，正如你、我和M，都是可能性的本身。他是無限的，他也是個愛搞笑的傢伙，透過一個十二歲孩童之口開開物理學的玩笑。我依舊敬畏你，唐．麥當諾，你懂得如何處理稱作「生命」的這件事，一貫如此。

福斯特之所以聽見了這個笑話，是因為他和我一樣深愛我父親。對你而言，那是向下發癢的幽默，從**現實**本身的最高點一路下降。在我們談到我父親的事時，我告訴過你，不久前我開始對巴布．狄倫感興趣，那時我兄弟史考特送給我另一位兄弟史提夫一本巴布．狄倫《自傳》的複印本作為聖誕節禮物，而我複印了這本書，所以我邁向狄倫之路的第一步，就是複印自別人的複印本。

在《編織聖草》中，基默爾在溫迪哥（Windingo）的脈絡下談到「複製」，溫迪哥是阿尼希納阿貝人（Anishinaabe）傳說中的怪物。「據說溫迪哥絕不會進入精神世界，」她寫道，「但會遭受無窮無盡需索的痛苦，這種痛苦的本質就是永不饜足的飢餓。溫迪哥吃得越多就越餓，牠發出渴望的尖叫聲，牠的心被得不到滿足的匱乏所折磨。牠執迷於消耗，對人類造成極大的損害。」

溫迪哥是一個正回饋循環的個案研究，基默爾還說，當實體出現變化，會導致系統中另一個相關連的部分也產生類似的變化。溫迪哥是抄襲者。負回饋循環則以相反的方式運作：你肚子餓，所以吃東西，然後你就不再肚子餓。溫迪哥故事的用意是要促進聆聽者心中的負回饋循環，「以增進自律、抗拒拿取過多東西的隱患。」❸

人類是唯一能知曉他們造物主的生物，為此我們理應照顧一切，我們應該看見萬物之間的關連，我們應該運用洞察力來對我們的好運氣表示感謝，但結果我們變成了溫迪哥。某位大師說過，如果你不認識自己的「神性」，那麼，你就只是一隻會說話的動物。

第十章　現在該做什麼？（唯一重要的事）

哈利，是我們的選擇，才顯露出我們真正的為人，而絕非我們的能力。❶

——鄧不利多，《哈利波特：消失的密室》

疫情隔離的頭幾個星期，我體內有什麼東西轟然迸裂，然後改變了一切！我是說真的。我用「改變了一切」來描述我人生中的轉捩點——我加入《紅鯡魚》雜誌、開始為《浮華世界》寫文章、我的女兒出生，以及我遇見了喬伊——但事實是，我所做過的每次路線修正，除了最後一項，都只是程度上的改變，而非方向的改變。我的意思是，我從來沒有太在意是否朝著正確方向前進，有時我會稍稍調整方向，有時我必須猛然轉動方向盤，以免駛離道路。但大多時候，我沒有太多掌控方向盤的意識。

《薄伽梵歌》中有個稱作「*shraddha*」的梵語，意思是「放在心中的事物」。❷說明shraddha

是我們的本質，是構成我們自身的東西。更重要的是，它不是被動的，因為你現在的樣子說明了你將來會變成什麼樣子；你的shraddha決定了你的命運。

這裡有個棘手的部分：有正確的shraddha和錯誤的shraddha。正確的shraddha是信賴靈性法則、生命的統一性，以及我們每個人身上都存在著神聖的事物。錯誤的shraddha則是無知，相信我們只是肉體上的存在，以及相信幸福是追求個人利益才能獲得的東西。西方資本主義是錯誤的shraddha；而達夫．麥當諾1.0版是錯誤的shraddha。

我沒有付出足夠的關注。我的意思是，我關心某些事，但沒有關注所有的事。我宣揚放任主義的信條：只要你不管我的事，我也會不管你的事。當然，我遵守一般的禮儀規範，但除此之外我真的什麼都不在乎。在二〇二〇年年中之前，我認為我的目標是保有一份事業和養活我女兒，但那遠遠不夠具體。

我專注在錯誤的事物上，在過去的職涯中，我以為數字會說話，我曾不只一次宣稱：「找出數字，你就會知道故事。」但那是最糟糕的說故事方式。而且，因為我專注於數字，所以鮮少真正地活在當下，我的自我感遭殃了（你瞧：酗酒）、我的關係遭殃（你瞧：離婚），還有我做為父親的潛能岌岌可危。只有一件事能拯救我，那就是愛。幸好，我終於找到了愛。

我認為我並不孤單。的確，我認為這個社會就是在各種錯誤的地方尋找真相。

首先，我們發明了數字。

其次，我們利用數字來做種種決定，其中一些決定對我們有利。

第三，我們利用數字來處理錯誤的問題，亦即那些與人的生活和尊嚴有關的事物。我們開始利用數字來定義和描述我們自己。突然之間，我們無法不這麼做了！先前我提到：數字不包含任何意義，它們只包含了它們自己。如果你花了太多時間試圖去理解數字，你會和生活的意義失去連繫。我深受其害，因為它曾發生在我身上。

第四，我們開始指望數字告訴我們一些關於未來的事。我們要求專家查看試算表，帶領我們前往應許之地。在我們等待他們完成計算的同時，現在此刻已經在一團困霧中溜走了。「這不是我們的錯。」我們安慰自己，但是，這**正是**我們的錯。當我們要求科學帶來奇蹟，我們卻看不見眼前最大的奇蹟——我們存在著。當我們設法利用計算來達到涅槃的境界，卻沒注意此事正在發生，光是這個事實便令人心生敬畏。我們沒看見它背後的宇宙脈絡，我們沒有看見現在、此刻。

我們對量化上癮，因此不可能以必要的方式來理解現實，我們無法對唯一重要的事，也就是愛，做出決定，進而意識到其他的一切，包括每一個數字，或說，所有的數字——都只是噪音。

所以看吧，我們每個人都必須處理的問題，或說，我們唯一需要處理的問題其實簡單之至，它不需要一個模型或專家或商人來告訴你該怎麼辦。而且當你在回答這個問題時，你不必對著任何人大叫，也不必批評別人，因為它只需要一個聽眾——**你自己**。

我現在應該做什麼？

現代人的錯誤在於，我們自以為需要用數字來尋求答案。更重要的是，我們以為我們編造的數字越精準，答案就會越真確。其實那只會讓我們分心，因為通往真相的路不是數字夾道，而是充滿著愛。

當然，在使用魔法書時，你就會豁然開朗。哈利波特在霍格華茲讀過下列這些書：

《預測不可預測之事：使你自己遠離驚嚇》（*Predicting the Unpredictable: Insulate Yourself Against Shocks*）

《破碎的球：當厄運來臨時》（*Broken Balls: When Fortunes Turn Foul*）

《撥開未來迷霧》（*Unfogging the Future*）

《死亡預兆：當你知道最壞的事即將發生時，該怎麼辦》（*Death Omens: What to Do When You Know the Worst Is Coming*）❸

也許其中某一本會對你有效……好吧，我是開玩笑的。就像J．K．羅琳玩笑般地想出這些書名，我們用錯誤的工具來做重大的決定。

我們迷失了，因為我們想要用**精準**的工具來回答實際上關於**愛**的問題，這就是精準悖論。

＊＊＊

我們如何能夠更好地**待在此時此刻**？我們可以從「停止運用一切數字」和「停止追求精準」做起。追求精準已經將我們帶往錯誤的方向，遠離了現在，進入過去或未來。那些地方似乎是真實的所在，其實不然。如果你不是處於現在，你便不存在。

追求精準將我們帶向**「或然性」**這個假先知，但我們本該找尋的是真正的救主——**可能性**。我們已經開始相信生命能用數字來進行計算，但事實是，生命最好的部分存在於計算範圍之外，生命中根本沒有一個適用於一切的計算法。

「或然性」和「可能性」這兩個詞語聽起來很像，其實再迴異不過。其中一個試圖窄化經驗、馴服不確定性和發揮控制力，而另一個尋求拓展經驗、接受不確定性，以及為現在注入有史以來唯一重要的事物，那就是愛。機率是用於查看未來，而可能性則用於查看現在。未來和現在只有一者能夠存在，而未來不在此列。我必須說，或然性的科學使我們看不見可能性的藝術，因此我們需要拋開數字，開始回頭迎向現在。

* * *

「好吧，那麼接下來呢？」你可能會問，「所以我們現在要做什麼？」

我有個主意：讓我們開始傾聽那些安於不確定性的人，而非總是設法發揮控制力的人。因為那些能安然處於現在的人可能有某些想法，那是你在那些對彼此大聲叫喊著需要做點什麼的控制者之中聽不到的。

我在疫情期間相當鎮定，並不是因為我確定我不會染疫，而是因為身為一個自由作家，我在很久之前就與不確定性講和了。我不確知我是否會死，只是我沒有機會去擔心死亡，就像我沒辦法去計算會不會有更多的工作上門，好減輕為明天擔憂的壓力。我——或者你——今天唯一能做的，就是明白今天一切都好。這份鎮定讓我得以寫出這本書。

喬伊做了什麼？她從她不喜歡的工作（在紐約市當不動產仲介）中脫身，並在我們稱之為「羅克雷治」（Rockledge）的全球總部，也就是我們位於紐約上州的家，接管了所有的計畫。五月時，她訂購了一個直徑二十六英尺的網格穹頂，開始種植全年所需的食物。她搭建一座雞舍，養了十隻小雞，其中五隻必須離開，因為我們有六隻公雞，但冬天時我們開始有雞蛋可吃，不久又多了四隻母雞。

你見過此刻正被創造出來的藝術嗎？瀏覽某些我一直以來喜愛的網站，你會看見藝術發生在世界上的每個地方。藝術家為了創造藝術而涉入不確定性的領域，他們必須從無中生有，所以這也是他們的時代。

藍調歌手保羅・雷迪克（Paul Reddick）安排了一個可謂壯觀的音樂會系列「加味星期三」（*Wednesdays at Sauce*）；一個名叫巴哈馬（Bahamas）的歌手製作了一個稱作「Live to Tape」的絕佳YouTube系列；巴爾兄弟（The Barr Brothers）在募資平台Patreon與像喬伊和我這樣的死忠歌迷進行對話，並上傳二〇一八年十二月伍斯托克音樂會中，他們在萊文穀倉（Levon's Barn）卓越演出的完整錄音……所以，這個世界並沒有停下腳步，許多人正在創造新的東西，那是我們每個人活著的每一秒應該要做的事。

你現在要做什麼？

那麼，你應該做什麼？我不能替你回答這個問題，但我能告訴你，你的確應該做點什麼，而非無所事事地坐等群體免疫。恢復正常？沒有什麼東西能夠恢復，唯有此刻存在。更重要的是，我們需要停止去告訴別人他們該怎麼做，因為那代表了你自命不凡，自詡知道別人所不知道的事。然而，你絕不可能知道別人在想什麼，因為你無法看穿別人的內心。

不要去關注別人做了什麼或沒做什麼，而關注你自己做了什麼或沒做什麼。❹

佛陀也說過同樣的話。我再一次贊同佛陀的說法。

這次疫情可能在歷史留名，而成為一個改變的時刻，前提是，當我們再度走出家門，沒有一味地進行無意義的瘋狂分析。對每個人而言，解決之道就是簡單地處理此刻正在發生的事，和做出任何必要的調整，否則我們會陷在過去，不停地轉圈圈。如果我們一味擔心未來，那麼就會受困於自己的心思中，被埋在甚至不存在的一堆東西之下。保持開放和自由，不依附回憶或期望，我們就能憑藉著真正的智能（也就是意識）自發性地採取行動。保持開放的心態，做情況所要求的事，而不是別人認為你需要做的事。

如果你持續覺察到現在——也就是說，如果你一直意識到你自身的存在——那麼事情便會發生，正如它們一直以來的那樣。在此，我們似乎得清楚說明「**現在**」和「**此刻**」的區別：現在是**存在的狀態**，而此刻會溜走；前者是你要追求的東西，後者則早已消逝。

疫情隔離期間，我看著女兒的大腦一天天成長。我們的大腦想要的無非是一點點平和與安靜，好讓它們能再度做它們所做的事，而不是被悶死在所有噪音和無意義的數字之下。心思會產生恐懼，但大腦永遠能夠欣然接受每個人存在之中的那種不確定性。我們需要做的，就是聆聽大腦告訴我們的事，否則，面對不確定性會變得很困難，最後我們只好用一些讓人可以分心的事物來填滿生活。

至於我，我不會對現在感到厭煩。我要不停餵養我的身體，不停地餵養我的心，我要和我的身體玩耍，和我的心玩耍。我沒有其他任何必須要做的事，這是一個讓人發癢的時刻。

第三部分

一切皆有可能

存在於你的存在，

一切會發生的事終會發生。[1]

——室利・尼薩加達塔・馬哈拉吉，

《意識的種子》（*Seeds of Consciousness*）

第十一章　沒有時間思考

他能感覺到故事從這個點散播開來，穿越空間和時間，遠超過他所曾想像的境界，但這是故事的脈動、嗡鳴的心臟，就在此地和此時此刻！

——《無星之海》❶

我們為何喜歡聆聽現場音樂？因為音樂家知道如何播**此刻**的癢，而我們其他人只能在一旁待著。我的朋友弗格森（Kyle Ferguson）是我見過最厲害的吉他手，我請他描述舞台上發生的事。「嗯，我想首先需要的是技術。」他說，「多年的練習。」其次呢？「與靈性或美的事物連結的能力。」還有別的嗎？「當台上萬事俱備，我覺得有個重點就是，我一點也不焦慮，」他說，「這很難描述，我姑且稱之為『焦慮的反面』。我覺得我不可能出任何差錯。」他感到完全的不受限制，因為他找到了方法來深入現在。因此，你也必須前往那個「無限事物的所在地」，如果你想找到你的方法。

出色的演奏是什麼感覺？「你問我演奏時有什麼**感覺？**」他說，「那就是我的語言。」

啊，語言。又一次，就是這麼回事。

這是凱爾最好的故事：某次他和他一輩子的合作夥伴保羅·雷迪克一起演奏，他在獨奏時十分放鬆，結果竟然彈吉他彈到睡著了！等清醒過來後他簡直嚇壞了，不確定剛剛發生了什麼，也擔心毀掉了演出。不，事實上，沒有人注意到他睡著了，觀眾的回應告訴他，這場表演棒極了！說到進入心流，這股流動就發生在現在，也就是愛。朋友們，那就是我們喜愛現場音樂的原因。

思考會抹煞一種自發性，而當你處於心流之中，你沒有時間思考。如果你不信我說的，去問問巴布·狄倫吧！他寫了一整首歌來談這件事。請注意，他寫了關於一切的歌曲。他如何知曉一切？很簡單，他也將許多時間花費在**現在**，你可以從那裡看見一切。

* * *

巴布·狄倫在意識之海中游泳，這件事他已經做了好幾十年，如果你無法在他的歌曲中聽出來，那代表你根本沒聽進去。連同所有偉大的歌曲創作者都不停提醒我們：唯有愛存在，愛是最重要的東西。

在人生中的某些階段，我曾要求身邊每個人都安靜地坐下來好好聆聽狄倫的歌，那有一半是自制練習：就這一次，在歌曲結束前，如果有人開口說話，我能不能不被激怒？但如今，我再也不幹這種事了。因為我終於明白，我欣賞巴布·狄倫並不需要別人的贊同。如果過去我對人們所無法了解的其他事情上也有相同的覺悟，那就好了。但話說回來，你不可能事事豁達。

去問問任何一個跟我交往過的女人，她都會告訴你，我是多麼努力想讓她了解關於狄倫的一切，我老是在播放狄倫的作品〈關於伍迪·古思里的最後想法〉（"Last Thoughts on Woody Guthrie"），那是我聽過最棒的口說表演。「你需要某個特別的東西？好吧。」狄倫在作品中說道：「你需要某個特別的東西來帶給你希望。」有好多年時間，每當我聽見那句話，我也渴望著那個東西。我知道那是什麼，只是不知道上哪裡找。

有件事似乎不可能實際去**計算**，但我納悶巴布·狄倫為何不是史上最常被翻唱的歌曲作者。法蘭克·辛納屈（Frank Sinatra）？也許吧，那也不無道理，因為狄倫近年來用了五張專輯翻唱這位大師本人的歌曲。我的音樂發掘策略之一，就是去查看所有曾經翻唱過狄倫歌曲的人，然後再看看這其中的意義，我靠著這個方法認識了從山姆·庫克（Sam Cooke）到愛美蘿·哈里斯（Emmylou Harris），從瓊·拜雅（Joan Baez）、雷夫·史坦利（Ralph Stanley）、妮娜·西蒙（Nina Simone）、馬克·諾弗勒（Mark Knopfler）、羅伊·奧比森（Roy Orbison），還有沒錯，包括麥莉·希拉（Miley Cyrus）等人的作品。希拉翻唱的〈你離開時會讓我寂寞〉（"You're Gonna Make Me Lonesome When You Go"）實在很棒，連帶讓我發現她的其他歌曲也棒極了。

我開始聽吉姆・詹姆士、M・華德（M. Ward）和喬許・瑞特（Josh Ritter），因為我認為他們在成為偉大藝術家的路上，全都繼承了狄倫的思想，所有的路都通往狄倫，在這個點或那個點。迪倫是某種類型音樂核心的結締組織，是萬物之間的關連。

你可以將狄倫的職涯看成是「無限可能性」這種概念的範例。就拿音樂類型來說吧，他橫跨搖滾、鄉村、福音、藍調、民謠、標準和鄉村搖滾，你絕不知道他下次的音樂會呈現哪一種風格——他擁有無限可能性。此外，他也以悄悄地置入新奇字眼到歌曲中而聞名。再一次的，他擁有無限可能性。

我最喜歡的狄倫歌曲之一是〈布朗思維爾女孩〉（"Brownsville Girl"），這首漫步般的詩歌就像穿越記憶的曲折之旅。狄倫在歌中改變了說話的觀點——它在流動——而且從未清楚表明是誰在說話。這首歌曲似乎不總是同一個人在說話，但誰知道？我認為狄倫要表達的是：誰在說話並不重要，無論如何，它依然是同一個故事，說起來，故事也只有一個，那就是生命的故事、愛的故事。這首歌曲中很棒的部分是他從觀看葛雷哥萊・畢克（Gregory Peck）電影的觀眾，轉移到電影本身，這是一個關於自我與身分的驚人藝術作品，狄倫再次強調了無限可能性。

在你的一切行動中，隨時保持覺知。

——《神聖的創造脈動3.12》（Spanda Kārikā 3.12）

許多人在討論買票去看狄倫的「無盡之旅」（Never-Ending Tour）表演時，將它當成是一件無從想像效果的事，因為你絕不知道在這場表演中會看到什麼。這麼說沒錯，朋友們，但你沒講到重點，那就是無限可能性。

狄倫在我們眼前表演了幾十年，但幾乎沒有人真正弄明白這個人在做什麼，他比有史以來任何表演者更加欣然地接受不確定性，包括所謂的即興創作之神「死之華樂團」（Grateful Dead）。我是說，我喜愛死之華，但你只需想一件事：「死之華」的主唱賈西亞（Jerry Garcia）非常崇拜狄倫。「死之華」的《絞刑明信片》（*Postcards of the Hanging*）是一張完全翻唱狄倫的專輯，而狄倫則沒翻唱過「死之華」的作品，不過他當然也可能這麼做，一切充滿了無限可能。

在我短暫的華爾街生涯中，我為了看一場賈西亞樂團的表演，曾設法租下高盛公司在麥迪遜廣場花園的包廂。我帶了十五個朋友去看賈西亞樂團演唱滑稽版的〈被憂鬱糾纏〉（"Tangled Up in Blue"）。當晚，我感覺自己有點變成了傳奇。

狄倫的《紐約集會——足跡上的血》（*New York Sessions - Blood on the Tracks*）專輯是我聽過最獨特的專輯之一。那是一張完整的專輯，經過錄音、混音和準備發行，後來被擱置，換成狄倫在納許維爾（Nashville）錄音的專輯的更新版。我們真的還需要更多的證據來證明，每件事只不過是另一件事的不同版本？在那張專輯裡，狄倫翻唱了他自己。

二〇一九年下半年，我在一週內看了兩場狄倫的演出。由於這兩場表演時間緊臨著，憑著對第一場的記憶，我得以用觀看現場表演不常有的那種注意力去看第二場表演。讓我大為震驚的是，我明白狄倫的表演就像芭蕾的編舞，我是說，我知道樂團需要進入良好的狀態才能有一場出色的演出，再結合台前幕後的努力，才能讓表演以大致相同的效果順利進行，但我不知道他們為了呈現「魔法」，而投入的精準程度。我聽到狄倫在完全相同的時間點，透過麥克風發出聽得見的呼吸聲，並用了與上一場完全相同份量的力氣，精準無比地唱出歌來。我想這就是人們說的：偉大的藝術出自於限制，也就是說，將某個東西鎖定，直到真正的魔法發生，直到它開始在宇宙中流動，並穿透舞台上的每個人，這是有可能的。

你需要更多的證據來證明狄倫是一位唱歌的聖人？不久前，我閱讀沙奇達蘭德的《波顛闍利瑜伽經》，他在書中解釋道：世界上沒有任何錯事，一切全在心中。「藉由修正我們的觀點，」他說，「我們修正了外在的事物。如果我們能治好我們那患有黃疸的眼睛，就沒有東西看起來是黃色的。❷」

不到二十四小時之後，我聽著漂泊合唱團（Traveling Wilburys）的歌曲〈裡面朝外〉（“Inside Out”），這是狄倫和湯姆．佩提（Tom Petty）、喬治．哈里森（George Harrison）、傑夫．琳恩（Jeff Lynne）等幾位歌手合寫的歌曲。

從你的窗口望出去
那片草地並不青綠
它有點泛黃
知道我的意思嗎？
很難想明白一切是怎麼回事
當你的裡面朝外……
用你的神奇水晶球看進未來
看看它是否不是黃色
看看它是否在那裡

批評家將這首歌的訊息理解成關懷生態或環保主義，卻遺漏掉關於內在和外在世界的重點。不過，批評家總是看不清地毯的圖案，不是嗎？某位批評家甚至讚揚哈里森引用了「飛鳥樂團」（The Byrds）的一首歌曲〈自由的鐘聲〉（"Chimes of Freedom"）。事實上，〈自由的鐘聲〉並非「飛鳥樂團」譜寫，而出於巴布．狄倫之手。這首歌也包含了twist and shout這幾個字，以此向哈里森的「披頭四樂團」致敬。[27]

人人都抄襲別人，甚至抄襲自己。「我們應該永遠記得自我的真相是相同的，但透過文字、形式和模式呈現出來時，它可能會以不同的方式顯示，以適應個人或時代趨勢。」斯瓦密．沙奇達蘭德寫道，「但真相絕不可能改變，真相永遠是相同的。」❸所以人人互相抄襲的行為呼應到了真相本身，但除非你在意識之海中來回梭巡，否則你不會知道它是什麼，而巴布．狄倫正是如此，他了解無限可能性，他了解機會。他讓心靈推動著他前進，顯然他比我們大多數人更知道該怎麼達成這個目標。

＊＊＊

聽好了，倘若我有時間，我能寫一整本關於巴布．狄倫的書。但我沒有時間，我忙著進行所謂的「布巴計畫」，那是我畢生的追求，偷偷將狄倫經驗塞進我所做的每一件事當中。為什麼呢？因為這樣**很好玩**，甚至不困難。如同J．K．羅琳，狄倫將一**切事物**放進他的作品表達中，巴布．狄倫甚至讓你在www.bobdylan.com這個網頁上搜尋他的歌詞。

二〇一九年下半年，我替格雷登．卡特的《航空郵件週刊》（*Air Mail*）寫了一篇報導，透露了「巴布計畫」的進行，所以，格雷登也讓我為《浮華世界》寫下關於狄倫的故事。上帝保佑你，格雷登，你讓我寫了兩次狄倫！為了你給我機會成為一個真正的作家，我永遠感激你。我希望你以我為榮，因為連同《紐約時報》雜誌編輯林格倫（Hugo Lindgren）在內，你是新聞界中我唯一真正渴望獲得贊同的人。

有一部馬丁．史柯西斯（Martin Scorsese）替Netflix製作有關狄倫的電影，名叫《搖滾時事諷刺劇》（*Rolling Thunder Revue*）。片中的音樂非常棒，還穿插了很棒的演唱會鏡頭。我不願爆雷，但我想指出一個事實，那便是，這部電影似乎像那種很典型的音樂紀錄片，其實不盡然。狄倫絕非這麼回事，他是一輩子戴著好幾個面具的人，正當你以為你已經非常理解他了，其實不然。

總之，我稱那篇《航空郵件週刊》的文章為「布巴計畫」，因為它是關於巴布．狄倫的一個計畫，我還能管叫它什麼別的？後來我才發覺我錯了。你看，我追求的是「我的計畫」，狄倫本人才在進行巴布計畫，而我所進行的是「達夫計畫」。

我把狄倫套在自己的身上，用別的名字稱呼一個故事。此後，我將自己的網頁改成了TheDuffProject.com，作為以寫作表達自我的終身計畫。這個網站是個蒐集一切素材的**共通之地**，在此你能找到我全部的**靈感與共鳴**。但是，別被這種狹隘的認知給愚弄了，我的人生是「達夫計

27 譯注：“Twist and Shout”是一首一九六一年由菲爾．梅德勒（Phil Medley）和伯特．伯恩斯（Bert Berns）創作的歌曲，披頭士樂團曾翻唱過，並收錄於他們的首張專輯《請取悅我》（Please please me）當中。

畫」，而你的人生則是「你」的計畫，這些計畫是我們的經驗總和、我們所建立的隱形城市，以便能呈現我們各自對唯一的故事（亦即愛）的獨特表達。

那是所有的一切，各位：

你被賦予一個人生，你的職責就是去過好這個人生，盡你所能去吸取更多的經驗，以及運用這個經驗來創造你那獨特的愛的訊息。然後將這個訊息傳送到宇宙，以及你曾遇見過的每一個人，從而使他們發癢。

換言之，請寫下你自己的故事。在《神話的力量》（*The Power of Myth*）一書中，作者坎伯（Joseph Campbell）說《星際大戰》（*Star Wars*）與生命的力量及其透過人的行為而變得曲折有關。他這麼說是什麼意思？我認為他在向我們指出一個事實，那便是，我們遠比自己以為的更有力量。我們每個人都起始於一個念頭——「你存在」的這個概念——而從產生了整個宇宙。但這個念頭需要行動來使之發生。所以你要有先這個念頭，然後運用生命的力量來使宇宙存在。我們的物質存在可能會對測量吐露它的秘密，但我們靈性存在的構成，則遠比物質更微妙，它只會對經驗吐露秘密。

好消息是，它只要求你付出關注。那麼，你如何對生活付出適當的關注？很簡單：學習冥想。

我能寫一整本書來讚頌冥想這種行為，即便我只是認真進行了幾年而已。建立起一個內在宇宙來對抗所謂的外在宇宙，內在宇宙將輕鬆獲勝。學習內觀，你會發現你已經得到馬哈拉吉所稱「萬物的完整供給」。冥想教你專注，使你更擅長你所做的每一件事——每一件事。

如果你還沒開始冥想，聽我的建議，開始去冥想吧！這會是你所做過最好的決定。

——大衛．林區（David Lynch）

因為冥想不只是一個行為，它與你所做的每件事都有關。的確，冥想可能是一種最具轉移力的技巧。我的意思是，冥想關乎讓心安靜下來，關乎停止思考，以及單純體認到**存在**。你知道，存在包含了**思考**，如果你擅長存在，換言之，顯然你也擅長思考。如果你學會冥想——單單體驗到存在——你便學會了所有一切的事，這正是冥想讓每件事變得容易的原因，包括思考在內。不過當你越是擅長於存在，就越不需要進行思考。我們不需要時間，也不需要思考，我們根本不需要思考的時間。

如果我聽起來彷彿一直知道箇中的奧秘，那我要坦白說，我其實是直到最近才從一位名叫喬伊．莫斯（Joy Moss）的天使，以及一位名叫M的愛的小救世主身上學到了這些。不過，我們每一個人都是天使和救世主，你只需多加留意，因為他們無所不在。

第十二章　愛的方程式

當你知道萬物歸一，你就會知曉一切。

——各種聖典

朋友們，我們要做出選擇。但首先，我們需要接受幾件事：

第一：我們無法預測未來，因為未來並不存在。

第二：我們對於或然性科學的執迷，使得我們看不見可能性的藝術。

我們需要擺脫所有數字、預測和機率，只管活在此時此刻，當下一切都有可能。長久以來，我們為何要窄化種種的可能性？這麼做有何意義？一說到生活可能的樣貌，我們何以要勉強接受更少、而非更多的可能性？

第三：想要回歸現在，我們需要找到進入心流，以及感覺萬物相連的途徑。

去問問J・K・羅琳、巴布・狄倫和大衛・林區，他們始終待在那裡，等候我們現身。

第四：想要達到這個目標，我們需要運用各種感官來餵養大腦，提供它所需的一切，讓它能做好它的事。

第五：我們需要再度啟用我們的常識。

以上都與**時間**有關，不是嗎？

哇，等等，那正是我們一開始出錯的地方！這根本與時間無關，而與「現在」有關。所以，讓我們回到那個選擇：我們現在要做什麼？

***

我無法告訴你現在要做什麼？我甚至不知道你是誰，也不知道你所面臨的處境，但我可以告訴你不要做什麼：**停止所有思考，因為我們想得太多**。就是這樣。

太多的思考，太少的存在——這是我們最大的問題。

當我們利用數學、科學和物理學試圖預測事物，我們是設法在回答一個無法回答的問題。**未來會發生什麼？**如果我們真的能夠預測，那麼我們大可以不停地預測。但我們辦不到，所以預測未來的責任便交給了我們之中那些不幹實事的人——知識份子。你無法憑藉著思考進入未來，你甚至無法憑藉著思考進入現在，只有意識能帶領你進入這裡。當你真正意識到此刻正發生什麼，未來就會向你靠近。

當我們認為可以思考出一個並不存在的答案，等同於將自己困在自己的心思裡，而與此刻發生的真實脫節。

勇於面對未知的事物，是成為一名巫師的重要品質。❶

——《哈利波特：火盃的考驗》

更重要的是，我們最終會陷入自相矛盾，也就是說，處於一個結合了各種對立性的處境。不過，當我們跳出原有的框架並明白我們一直用錯誤方式在思考，那麼，自相矛盾的問題就會獲得解決。

舉例來說，我們以為能利用數學和精準的工具來測量，並了解事物運作的方式，這會產生矛盾，不是嗎？至少在我們跳出原有的框架之前。不過，當我們明白這個道理之後，例如「精準悖論」等看似矛盾的東西便會立刻消失。

科學的問題是什麼？科學模型無法說明那稱作「愛」的變數。物理學無法解決的最大問題是什麼？所謂的萬有理論？它的答案就是愛，他們應該去問天使。資本主義的問題是什麼？經濟模型和經濟體系也無法說明那稱作「愛」的變數。我們身旁有太多的人，除了以測量為依據的科學，完全不相信任何事。這意味著除了確定性，他們不相信別的事情。然而，確定性無法取代愛，這是我的經驗之談。

在我一生中，我曾以為能把事情看透，但事實上我沒能做到。所幸我擁有兩位美麗的女士，M和喬伊，她們將愛的力量投向了我，但最終仍然需要一場疫情來使得我幡然醒悟。這時，為了大家好，我只能希望你正在讀的這本書仍然存在，因為我要讓你知道，它核心的矛盾甚至不算是真正的矛盾，當時我感到困惑，我被困在假象中，直到它突然消散。

＊＊＊

我想我沒有告訴過你，我是如何醒悟過來的、我的最後一片拼圖是如何到位，以及那遺失的變數原來是**唯一的變數**的詳情：處於當下，你就只能接收和發送愛，否則一事無成。對了，甚至還有一個愛的方程式，喬伊到處將它寫了出來。

多愛一些

好吧，上述不是個方程式，**愛沒有方程式**。宇宙不寫方程式，宇宙只講愛。倘若有個方程式或公式，它會談論有關時間的事，給我們「如果這樣，便會那樣」的承諾。但你不需要時間才能做這件事，你**現在**就能做。

多愛一些

近至二〇二〇年二月，我還不完全明白這句話的意思。我是說，我了解為什麼喬伊喜歡到處貼上「你很美麗」的貼紙。我們的朋友丁肖（Dinshaw）有一次從甘迺迪國際機場打電話給她，電話中提到「達美航空櫃臺？」沒錯，那就是喬伊貼的貼紙。你應該瞧瞧她準備在地鐵車廂柱子上貼貼紙的模樣，她臉上會出現滑稽的表情，彷彿在圖謀不軌些什麼，彷彿用貼紙告訴別人他們很美麗是件犯法的事。當我們看見那種表情，我看見了一位天使在當面嘲笑人們的愚蠢非難。

且讓我們回到那塊最後的拼圖。

我一向深愛我的女兒，即使在她出生後的幾年裡，我表現得不太像那麼回事。我設法當個慈愛關懷的父親，M也一直愛著我，只不過，喬伊有時會試著告訴我，M也有點……怕我。

她說的是我一直藏在表面之下的怒氣，即使在我心情好的時候。M會感受到這股怒氣，她有點害怕。這表示我並沒有一直使她發癢，更糟的是，我並沒有總是**傾聽**她。當時我自以為是個好父親，自以為是個好作家，但卻沒有給予上述兩件事足夠的注意力。然而，事情總是這樣，不是嗎？我看不見就在我眼前的匱乏，因為我沒有去找尋它；要看見某個你沒有在找尋的東西，是件相當困難的事。

就在疫情爆發、開始隔離之前，我簽下了《精準悖論》的新書合約。當時有許多人失業或者情況更糟，而我生活優渥、手上有現金、健康狀況良好，眼前有一條漫長且大多時候樂在其中的新書之路。我有十八個月時間來完成這本書，我認為我只需輕鬆以對，試著享受生活。

五月時，M開始催我讀《哈利波特》。她的繼父已經開始和她一起讀這套書，但她希望《哈利波特》能共同列入我們兩家的閱讀書單。我告訴她，我要忙工作，但她沒有放棄，每晚都透過FaceTime對喬伊和我唸誦《哈利波特》迷因。我很氣惱，甚至好幾次告訴她，她應該尊重我們並不像她那麼喜歡《哈利波特》。

扼要地說：

我女兒簡直在求我和她一起讀《哈利波特》。

首先，我告訴她我沒時間，我有真正的工作要做。

後來我叫她別再跟我談起那些使她發癢的事。

我還可以更混蛋一點嗎？

我不確定我從哪個確切的時刻開始明白，我需要讀一讀《哈利波特》，也就是說，我的工作就是讀《哈利波特》。姑且假定喬伊告訴過我該這麼做，因為她的確如此，她到處散播愛。M試著與我分享她所喜愛的東西，她接受使她發癢的事物，並將它轉傳出去，她將它帶給我，但我卻因為太過分心而拒絕接受。當某人將愛傳遞給你，你應該收下來。

某天下午，我宣布我開始讀《哈利波特》了，M笑顏逐開。此後，憑藉著這股驚人的力量，一切迅速就位。

五年前，我貼出一張我抱著M的可愛照片，標題寫著：「這位女士恢復了控制她父親的魔咒」。

隔天我告訴她，我已經開始讀《哈利波特》，她在自己的Instagram貼出那張照片的更新版。此後我們沒有討論過這件事，甚至從沒提起。嗯，之後我把它放進我在二〇一九年十一月替《連線三〇》雜誌寫的一篇文章，談到我有多麼愛她。

我要再說一次，好讓你聽見我說的：在我告訴

她，我會和她一起讀《哈利波特》的那天，她貼了一張她修改過、沒有原始標題的照片。她在訴說**她的故事**，而不是我的。但別忘了我寫的標題：這位女士恢復了控制她父親的魔咒。

所以……

那個恢復控制她父親的魔咒，就是愛。

愛是控制我們大家的魔咒。

我女兒用她的魔杖對準了我，施展了愛的魔咒。

她用《哈利波特》來施咒，書裡的內容全都是關於如何施展愛的魔咒。

只有唯一一個故事，各位，這就是那個故事。

或者，你更喜歡喬伊的版本：多愛一些。

* * *

那時，一切都開始圍繞著我轉，如同字面意義那樣，然後迅速就定位。每過一天，就變得更加清晰，這種清晰幾乎擴展到你在本書中所讀到的一切內容。

在我坐下來寫書之前，我還不知道我現在寫在書裡的大部分事情。更好的說法可能是，雖然我知道很多事，但我不知道它們為何重要、有何重要。取而代之地，有人稱這種「知道」為一種古老的渴望，也有人稱為「靈魂的鄉愁」。在我內心深處，我感覺曾有個稱作「存在」的答案，卻一點兒也想不起來，然後突然間，我想起來了，就好像一道閃電打中我的靈魂，照亮所有對我來說重要的事情。我突然明白我對一切的真正感覺。

就專業層面而言，我終於了解這些年來我一直設法想說的話。

我看見我們量化現實的種種代價：

我看見數字的空洞。

我知道資本主義的毛病。

我明白管理顧問產業騙局的核心問題。

我明白測量的科學如何徒勞無功的追尋。

我也看出對我而言，那些重要的事情為何重要，比我之前看它們時更加清楚。

在接下來的篇章，我們會探討一些我還沒告訴你的事，在此先預告一下：

我對我為什麼喜愛巴布．狄倫有了更新的認識。

我明白了康普茶的本質。

當我閱讀《哈利波特》時，我能看進J·K·羅琳訊息的核心。我明白到我先前停止了傾聽——不聽別人，也不聽自己。當你停止傾聽自己，你不知道什麼會讓你發癢。

我能再度觸碰到我女兒的心。

我看見喬伊身為天使的真正樣貌。毫不誇張地說，我娶了一個天使。

我在意識之洋中游泳，但當時我還不知道。

五月的某天早晨，我早早起床，碰巧看見大衛·林區在談意識之洋的影片。我跑上樓叫醒了喬伊：「這就是發生我身上的事！」我說。代理天使喬伊一點也不意外，她心知肚明，她一直在耐心地等待我清醒地覺察。有陣子，我以為這是很特別的事，意思是，這樣的覺察只對我個人而言有特別的意義，其實那太自以為是了，因為，這件事只不過就是愛。

「靈性的」修習在於不斷跨越自我的圍牆，打開心，無畏地接觸和擁抱所有的生命。人的感覺中必定存在著十足的清晰度和完整性。大多數人「在內心被瓦解」，他們懷疑上帝、別人和自己。❷

——《昆達里尼體驗》

你被愛團團包圍。想要找到愛，你只需要開始傾聽。我傾聽喬伊，接著傾聽M。之後我所聽見的盡是喜悅之聲。

＊＊＊

所以，我要說清楚講明白：科學家用他們的測量工具所找尋的東西——宇宙間統一的定律——並不是那些能夠被數算的東西，它被稱作「無限可能性」，你也可以稱之為「愛」。愛是宇宙中的創造力，愛是可能性，是萬物的起因。愛是所有概念產生的憑藉，一切事物的基礎。

事情因愛而發生，同時，愛就是宇宙。所以，愛是事情發生的原因，也是發生的事情本身。你因愛而成長、因愛而活，在肉體死亡後，你會回歸到愛。我不是用比喻的方式在說話，我指的是實實在在的字面意義。唯有愛存在。每當你認為某種情況下缺失了什麼，那缺失的東西一定是愛；也只有缺愛，才會讓我們陷入困境。

當物理學的實驗未能達成目的，當它們執意解釋所有的結果，你知不知道它們遺漏了什麼？它們遺漏了一個事實，那就是有時會發生意想不到的事。換言之，任何事都有可能發生。當經濟學或行為科學無法說明所有的結果，你知不知道它們遺漏了什麼？它們遺漏了一件事實，就便是，人們有時會做出意想不到的事。換言之，任何事情都有可能發生。

所有計算中被遺漏的變數，就是此刻純粹的「無限性」，或名為「一切」，或名為「愛」。當我們看不見愛，我們會感到困惑，以為有別的東西要去追尋，其實不然。

我不需要科學家來告訴我關於宇宙的起源，因為我知道發生了什麼：在宇宙出現前，唯有「可能性」本身存在。但可能性感到無聊，於是決定「去他的什麼都沒有！我們來做點什麼吧？我們來玩耍。」接著，突然間就變成這樣了。

這就是宇宙發生的事。但它為何發生？宇宙為何會形成？嗯，由於你就是宇宙，所以，那是你需要問自己的問題。你為何形成？你為何存在？你為何贈與自己存在的這個宇宙禮物？因為你的本性要你這麼做。因為你愛你自己。因為這樣，你給予了自己最寶貴的禮物，這個禮物就是「存在」。

那麼數字呢？面對存在，數字有何用處？數字導致了比較。但有什麼東西能比得上整個宇宙？沒有。我們一直在欺騙自己能測量彼此，並決定誰比誰好，或者誰不如誰，事實上，這個想法根植於一個深刻的誤解。我們就是整個宇宙，沒有任何東西能與我們每個人相比。

為什麼？因為我們存在。

愛使我們存在。

從現在開始，如果有人告訴你，根據他們的或然性計算，你的選擇有限，那麼你應該回應他們：你就是宇宙，你能做任何你想做的事。

＊＊＊

所以M為我製作了一件運動衫，當作二〇一九年的聖誕節禮物。這件衣服正面有個黑貓臉圖案，底下寫著「搞什麼？」我知道這是個迷因，也是個私房笑話。在我們家，「搞什麼？」這個驚嘆句指的是你假裝被某人惹惱的時刻，即便你興奮地發現他們正在關注著你——他們與你**連結在一起**。

當我們這麼做時，它的意思是：

什麼？

你幹嘛又看著我——你和你全部的愛？

你到底想幹嘛？

我們想要的是彼此相愛。

M對我說著她的故事，不是我的故事。你需要你的故事，不是我的故事。什麼是你的故事？我會提供你一個開頭：你是美麗的。

就從這裡開始吧。

第十三章　茉莉團

她是我一輩子的摯愛，我不蓋你。她和我點燃了愛之火。

——傑克，電影《傑克做了什麼？》台詞[28]

某次，我讀到有人說，納博科夫[29]的故事開場白寫得比有史以來的任何作家都要好，我同意這個論點。我讀遍納博科夫的短篇故事集，證實了他的確是個開場白大師。雖然我從沒有耐心去理解

28　譯注：《傑克做了什麼？》（"What Did Jack Do?"）是美國導演兼編劇大衛・林區自導自演的一部短片。這部短片以其獨特的風格和林區常見的神秘元素而聞名，並且在視覺、音樂和對話方面充滿了林區的經典風格。這部作品於二〇二〇年上線，可在Netflix上觀看。

29　譯注：納博科夫（Vladimir Nabokov, 1899-1977）是二十世紀俄裔美籍作家、詩人、著名批評家和鱗翅目昆蟲學家。

納博科夫筆下複雜的小說——我幾乎讀懂了他的《黯澹的火》（*Pale Fire*）——但自從我意識到專精於開場白的可能性之後，我決定自己創造出色的開場白。不過我的版本有點不同，如同巴布・狄倫，他堅稱他的歌曲在聆聽（而非閱讀時）最能被欣賞，我則認為我的故事在親自用口語講述（而非印刷出來）時最好聽。此後，我盡可能在對話中用最好的開場白來展開我的故事。

你可以問問喬伊，我不停琢磨本書所謂的「序言」。在進入重點前，我用開場白來構成一個笑點：

你不會喜歡我接下來要告訴你的事，然而，這可能是我今天對你說的最有趣的事。在我說出來之前，我希望你知道我依然愛你。你也許曾在別處聽過，但不是用以下的方式……

這全都關係到玩耍的心態，各位。我利用序言來使聆聽者（大多數情況下是喬伊）集中注意力，並使她的心準備好迎接接下來出現的任何東西。就像藉由將它包裹在一個附有卡片的禮物盒中來開啟一段談話，卡片上寫著：「你一定會喜歡裡面的東西。」這時，談話就充滿了種種可能性。我在說故事之前奠定了基礎，在我開始說故事之前，我先拋出一個能通往任何地方的東西。

除了我母親之外，喬伊和M是我生命中最重要的兩個女人。說到愛的力量，她們往往表現得如出一轍。給我她們中的一個，我就能感覺到潛藏的宇宙之力，把她們兩個都給我，我差不多就要淹沒於其中。

在家裡，我們有許多綽號，M是烏諾（Uno），「一」的意思，一號（Numero Uno）的一。我們會這麼叫她，是因為某天我告訴她，她是我曾有過的孩子中最喜愛的那一個。（是的，我只有一個孩子。）「你是一號！」我這麼說的時候，她笑了。M是個有趣的小孩，她喜歡搞笑，老是回答：「噢，我是你曾有過唯一的孩子！」後來有一天我告訴喬伊，她是我一輩子的摯愛，等等，或許……她是我一生中第二個摯愛，得排在一號之後，所以我們開始稱喬伊為朱諾（J-uno）。然後，M將「Juno」這個名字寫在她替喬伊製作的運動衫上。

你大概已經注意到我也稱M為女士（The Lady），我在寫作中使用「女士」這個稱呼，但在談話中使用「烏諾」。一個人必須有規則，否則就亂了套。

我們最近替喬伊取的另一個綽號是「喬伽」（Jogi），因為她是羅克雷治的首要瑜伽修行者。我們家裡大多數的綽號都不會一成不變，因為我們會不停創造新的綽號，但近來我每次看見喬伊就會大喊「嘿喬伽！你在做什麼？」她是個守護者。M和喬伊讓宇宙為我閃閃發光。或者，像吉姆・詹姆士說的，當它們靠近時，會有更多的星塵灑落。我從兩個方向獲得了愛：從上和從下。她們對一切生命發展出來的耐心、平和和愛，創造出一個男人所能期盼最棒的環境。她們兩個都是天使——烏諾和喬伽。

＊＊＊

關於M，我能告訴你什麼呢？當我終於注意到她時——也就是說，當我戒酒後——我才明白當個父母親，不光是在睡前讀書給可愛的小女孩聽，也不光是去看足球賽或參加生日派對。當上父母親，是在幫助另一個人類去學習如何餵養他的大腦。當我明白了這件事，我也明白了我得應付一個相當不簡單的小腦袋。

我不是在說我的孩子比你的孩子聰明。我不知道M有多聰明，我也不真的在乎，以往我太過相信「聰明」這回事，讓我自己吃了不少教訓。我喜愛M的地方在於，她具備了諸多特點——有愛心、好奇心、勇氣、愛開玩笑和同理心，那可謂完整的配套，使我所扮演的角色能幫助到她，學習如何以我曾想像過的可能方式，更有趣地和她的大腦進行互動。

說到教養子女，我認為我做了三個明智的抉擇。

第一，我跟我女兒說話時，總是將她當成一個完整的人。第二，我強調幽默感的重要，因此在關於是否有趣這點，我對她設下了高標準。我認為硬要某個無趣的人扮有趣，對小孩來說根本毫無意義，因為你知道，這樣的話你會得到一個自以為有趣的無聊大人。所以，我們家裡一直保持著高品質的玩樂互動，結果，我女兒幾乎每天都把我逗笑。第三，我設法讓她知道，她應該隨時心存疑惑。因為如果你沒有把事情給想通，絕不可能創造出最可能的美好宇宙。我的意思不是希望她成為一個思考者，我希望她成為一名行動者。在大人的世界，思考的重要性往往被過度高估了，當你仍希望做出有趣的行動，那就會出現矛盾。

如果這麼做，會怎樣？

如果我們不做又會如何？我們有個私房笑話是「茉莉團」（Jasmine Troupe）。這是一個社團，參與的社員是M、喬伊和我，加上我們的朋友瑞秋、克莉斯汀和已故的奧斯朋（Owen Osborne），他是我所認識最親切的人之一。我們有通關密語，我們製作運動衫，我們有一個秘密的握手姿勢。

什麼是「茉莉團」？呃，那是個只有我們知道而等著你去發現的事，它不是一個排外的社團，但我們不隨便接受新成員。你能提供些什麼有用的東西？

＊＊＊

關於M，我還能告訴你哪些事？嗯，在二〇二〇年一月，她被她的馬兒巴尼給踢到了臉，她勇敢地挺了過來。隔天，我將這件事寫了出來：

她的情況還不錯，雖然沒有人（包括外科醫生）能數清楚她的嘴唇和臉頰上總共縫了多少針。我為她的病床記事感到驕傲。但如果你以為臉上被踢一腳就能擊潰這位女士，那你可就錯了：

縫針前：「我甚至無法說出用那個字母開頭的單字……事實上，我無法說出那個字母……它是字母表的第二個。」

縫針後：「我累壞了，我等不及要回家，並且注射有效劑量。」

忍受疼痛是一回事，但忍受疼痛的同時還能開玩笑，是更高的境界。

更重要的是：她在等待縫針的疼痛中仍設法告訴我們，她的傷口妨礙了她的語言運用。幾個星期後，她決定開發另一次好笑的經驗：「事實證明，被馬踢到臉有好處。」她出其不意地說，「我現在再也不害怕抽血檢查了，我要為此感謝巴尼。」

有時生活是輕鬆的，有時則比較辛苦，對我而言，兩者的轉換往往是困難的。我向來蒙受上天眷顧過著舒適和健康的生活，但當發生出乎意料的事情時，我未必能欣然應付。更糟的是，我在酒精的迷霧中度過了許多光陰，誤入歧途之後，我才明白自己在做些什麼，而且我的過度反應也比較嚴重，這一直是我的弱項。我未能做出適當的調適，這讓我陷入了挫折和憤怒。

後來我看著我女兒，那時她還那麼瘦小，小到我可以用單手拎起來。她的父母親在她三歲時離異，從這個小女孩的內在，你會找到我以前難得擁有的某種東西：平靜。近來我發現，「接納」是過上有意義生活的關鍵——不只接納你的本性，也接納所有發生在你身上的事。在你所處的境遇中，你總能選擇下一步要做什麼，但你最不該做的，就是抱怨那些使你落到這步田地的事情，因為那些事已經不復存在。你唯一需要做的，是想清楚現在你要做什麼。

在數不清的時機下，我女兒讓我知道該如何從容應付生活的挑戰。有時你教你的孩子人生道理，有時你的孩子會反過來教你，讓你不得不謙遜起來。

我們談著與馬有關的話題，她的傷口也在癒合中，我們會定期去那家位於金士頓、名叫「草稿」（Rough Draft）的大型書店／餐館吃早餐。這個地方很棒，簡直是為讀者量身打造。總之，某天早上，M和我正要去草稿書店吃早餐，途中她說「打噴嚏的感覺，就像在你的鼻子上搔背」。我們在一起打發時間，讀書配咖啡、蘋果汁和可頌，她描述桌旁的另一位客人像「半個牛仔和半個愛因斯坦」。她的嘴巴受了傷，但她的心在燃燒。那時她在讀什麼？當然是《哈利波特》。這還用問嗎？

＊＊＊

茉莉團的運作基地設在「羅克雷治」，那是我們位於紐約赫爾利的住家。我們翻閱了一些關於百年前的屋主，寡婦安．克里爾（Anne Kreyer）的舊報紙剪報，結果找到了「羅克雷治」這個名字。有一則很棒的剪報內容如下：

上週，安．克里爾女士和一些朋友在她本地的避暑別墅「羅克雷治」共度了一些時光。由於安．克里爾女士正在為這個美麗的寓所進行諸多的改裝和修繕，因此，今年冬季她不會如往常那樣地前往歐洲。

——《金士頓自由民日報》（*Kingston Daily Freeman*），一九二九年二月十八日

如果你以為股市崩盤會讓安．克里爾放慢腳步，那麼你就錯了：

安．克里爾女士近來在羅克雷治招待了滿屋子的賓客。

——《金士頓自由民日報》，一九二九年十一月十一日

總之在發現這個名字之後，我們開始將這棟房子稱作「羅克雷治」。

我於二〇一四年買下這棟房子，在我離婚的幾年後。我一直想擁有一棟位於偏遠之地的房子，同時在城市保有一個住處，我的前妻一直想住在市郊……所以我們在近郊買了房子。總之，當我買下羅克雷治，我正在和蘿倫（Lauren）交往，她是一位風趣迷人的女演員。倘若早半個世紀出生，她會是好萊塢黑色電影時期令人驚艷的一代妖姬。

蘿倫將枯燥乏味的事物變得愉悅可人，而且她想將羅克雷治變成我們的家。我當時太忙於做自己，不明白她的心意，結果一年後，我失去了她的愛意。有段時間我告訴自己，那是因為她沒打算安定下來，其實那只是一種心理投射，問題全出在我的身上。當時我還不想定下來，而蘿倫能感覺得出來，因此她展開了新生活。

＊＊＊

我在和前未婚妻第二次約會時認識了喬伊。我一直隱瞞著這個小細節，但現在該是說出來的時候了：喬伊是我前未婚妻最要好的朋友。在你以為這是某樁醜聞之前，容我先澄清：我的婚約並不是因為我與喬伊發生了什麼不當關係才結束。的確，在我的婚約結束時，我以為喬伊依舊會是我前

未婚妻最要好的朋友，但結果並非如此。

發生了什麼事？我深受打擊，因為我愛上了喬伊，我張惶失措，更發覺我將喬伊置於一個很不自在的處境，所以我告訴她，我不想這樣對待她。同時，我的前未婚妻捏造了不實的故事，並要求喬伊站在她那邊。喬伊拒絕了，於是，我的前未婚妻也和她絕裂了。我可以說，約爾·莫斯（Joël Moss，這是喬伊老於世故的名字）拯救了我的人生，她是上天派來拯救我的天使，以免我傷害自己。她撫慰了我的心，然後提醒我，宇宙需要我的關注。她教我如何向內看。

喬伊是我所認識心腸最好的人，她是一個最好的傾聽者，她比我所遇見的任何人都擁有愛的能力。她是一個行動者，而非空談者。她很有耐心，而且笑口常開。喬伊有許多身分，但她的本質之一是彩虹，當我閉上雙眼埋首於她懷裡，我看見了彩虹。喬伊出門時，包包裡會裝著一大疊印有「你很美麗」的貼紙，隨處貼在計程車背上或飛機座椅的椅背，只為了讓人揚起微笑。

室利·尼薩加達塔·馬哈拉吉寫道，「別試著去愛某人，要成為愛。當你成為愛，那份愛會對人發揮用處。就像水，如果你是水，萬物都會生長。」❶那就是喬伊。當她鼓吹著「多愛一些」，她是認真的。

她教我傾聽，教我去愛，教我如何去做事，而非只是空談。她教我要有耐心，教我停止太嚴厲地批判自己。我已經知道怎麼笑，但喬伊教我要笑口常開。與喬伊一起生活的每一天都笑料不斷。人們說，你吸引的伙伴正是你所需要的伙伴，這話套用在喬伊身上百分之百正確。

簡單地說：喬伊教會了我愛自己，這是我們每個人唯一需要做的事，不是嗎？等到我想通這個道理，其他的一切就明朗了。因為一旦你知道如何愛自己，便能明白如何搔自己的癢；一旦你明白如何搔自己的癢，便能搔別人的癢。

第十四章　無限的康普茶

在挖掘出這封信之前，我曾納悶一本書如何能夠展示「無限」這個概念。我唯一想到的是，那是一本環狀或圓形的書，最後一頁與第一頁完全相同，如此一來，便能無限地閱讀下去。

——波赫士，《小徑分叉的花園》（*The Garden of Forking Paths*）

如果你去問問任何一個與我熟識、或在社群媒體上和我有連繫的人，他們會告訴我的兩個最愛（除喬伊和M），就是康普茶和氣密柴燒爐。我在二〇一四年買下房子時得知有這種壁爐，幾年後，二〇一七年的夏天，我開始愛上康普茶，那時有個朋友介紹給我這種神奇的萬能藥。

康普茶和氣密爐裡的熊熊火焰，表面上看起來似乎是兩回事，然而事實上，兩者的關連比你以為的更密切，它們都牽涉到「無限可能性」的概念，讓我得以觸及無窮盡的「現在」，從而理解到存在的核心。我知道這聽來有點瘋狂，但我向你保證一點也不。

我要先略過火，因為它比較容易說明。最近幾年，我一直告訴每一個我認識家裡有壁爐的人，要換成氣密爐。為什麼？因為爐內近乎真空，讓你得以在這股憤怒的能量消散進入宇宙之前，暫時捕捉住它。當然，這樣的設計是為了方便加熱取暖，但真正過癮的**觀看**火焰。如果你讓壁爐玻璃門保持清晰透明——我每次升火都會將玻璃擦拭乾淨——一爐好火可謂最棒的火焰電視節目，因為，火是一種實實在在不受管制的能量，當你將火暫時困在你的機盒裡，你看到的東西基本上是一台無限的電視。將木柴以正確方式堆疊好，你就能讓火焰上下左右翻飛，依據你提供的木柴種類，呈現出各種顏色。

二〇二〇年五月，我朋友比利叫我往爐裡丟根銅管，保證有火焰秀可看。他說得沒錯：銅燒出霓虹綠，將火焰變成出自《哈利波特》咒語的東西，我立刻告訴M：「比利是巫師！」所以，你只要困住你的火焰、增添你的色彩，就能觀看能量發揮所長，那會令人無窮盡地感到愉悅，即使你已經是第一百萬次親眼觀看這場火焰秀。

那麼，說到康普茶。我在二〇一二年離婚後戒了酒，此後一直在找尋替代的飲料。我走錯了幾次路，包括健怡百事可樂和萬寶龍淡菸。（當時朋友注意到我吃掉大量的冰淇淋，發現我在進行「胖女孩飲食」。那並不政治正確，但你不得不承認那相當有趣；也使我放棄了節食。）

我想，我第一次嘗試的康普茶是GT's的薑汁口味。GT's公司生產了一些不錯的康普茶，但多半是複雜的口味。他們推出包含了辣椒的欣快（Euphoria）口味，每次開瓶都噴得我一身。我不知道為什麼試了這麼多次，卻總是得到相同的結果（你看：瘋狂的定義）。

我喝過許多GT's康普茶，最棒的是原味、粉紅女士（*Pink Lady*）口味、蘋果口味和薑汁口味，他們沒有譚崔薑黃和甜菜心口味，因為他們犯下健康食品的常見錯誤，錯估了好口味與健康之間的平衡。（在此提醒所有健康食品製造商，東西還是得有好口味才行，因為我們要將它放進嘴裡。）

我也喝過許多Kevita牌的康普茶，他們最棒的口味是火龍果檸檬草和酸櫻桃。二〇一八年夏天，我買了一堆零售的康普茶，我朋友麥克法蘭問我，為什麼不直接到我家附近的二十八號路（Route 28）那裡購買？原因是，我漫不經心慣了，根本不知道那家店就在那裡。

總之，當我知道可以買到桶裝的康普茶，我就開始以每加侖二十美元的價格進貨，零售的瓶裝康普茶並不便宜——每瓶介於三至六美元之間——所以每加侖二十美元讓我省下了好幾百元，即使不到上千元。

二十八號路上的那家店以前名叫「布魯克林康普茶」（Brooklyn Kombucha），販售著絕佳的Katalyst牌康普茶。他們的茉莉康普茶非常棒，店主將這家店賣給房東La Bella Pasta，後者找來一個叫麥克的傢伙負責經營。我告訴喬伊，我要跟麥克交上朋友，為了康普茶……也為了多一份友誼（這是雙贏局面）。麥克不僅提供我們混味的點子——茉莉啤酒花和薑啤酒花——還說服我在家裡DIY自製康普茶。

麥克是製作紅茶菌（SCOBY，康普茶裡的活菌種）的高手，幫了我大忙。我們在二〇一九年夏天舉辦了一場派對，麥克送了我一個裝上水龍頭的舊木條箱，被我們用來供應康普茶給賓客。有人說，我姊夫和姊姊的食物讓那場派對成為有史以來最棒的派對，但我認為功臣應該是讓人暢飲的康普茶。嘿，這可是很難說的。

二〇一九年冬天，我們開始在家製作康普茶。在布魯克林的第一批康普茶花了很久的時間——康普茶的發酵需要一定的溫度，而那年冬天很冷——然而等到我們搬到紐約上州，釀造事業開始起飛。我原本有一個三加侖容量的陶缸，後來為了升級，我又買了一個五加侖的陶缸。接下來，我們需要八加侖的容量，所以我又買了一隻五加侖的陶缸。現在我們的產量穩定，但很快會再度上揚。我前妻的兄弟蘭特甚至想好了如何在整個冬季持續釀造，方法是將魚缸放進更大的魚缸內，並用魚缸加熱器來保溫。如果你問我，我會說這個主意證明他真是個天才！

我們的康普茶比你在店裡買的口味清淡，滋味也更美妙，它比較清爽，不會在你每次啜飲時氣味上衝。精選的家常口味是：媽媽味、薄荷、接骨木薄荷、桑椹薄荷和薑薄荷。我們用羅勒做了一次失敗的實驗，嚐起來像披薩，所以我們稱之為「瑪格麗特」。

我們在二〇二〇年開始製作蜂蜜康普茶，有人管它叫「六月」，我們稱之為「羅克雷治精髓」（Rockledge Rasa），Rasa的意思是花蜜或精髓，或者上帝。近來，喬伊從我手上接管了調味的工作，而我只需專注地讓紅茶菌活著，我們很快就會開一家達夫康普茶吧。比利替我們做好了招牌，事情到了這份上，似乎非開店不可了。

喬伊、M和我都喜愛康普茶，我們整天喝。我們為什麼喜歡？因為可以有**無限的選擇**。

問：你想製作什麼口味？

答：你想嚐嚐什麼口味？

但最近我明白我有點會錯意了，我是用了一個味道測試才發覺了這件事。我們的康普茶口味非常好，如果進行票選，M最愛的桑椹葡萄柚可能會是第一名，但我們沒有投票。我喜歡薄荷，因為它本身的味道，以及我自己想像中的理由：它最能反映出我的世故。讓我們挑個口味吧：血橙。讀了這個標籤，知道那是血橙，你就能嚐出明顯的血橙味。不過某天，我倒了一些康普茶給喬伊，沒有告訴她那是什麼口味，要她猜猜看。她猜遍了現有的全部口味，都沒有猜對！

「這是怎麼回事？」我開始納悶。我們知道我們製作了什麼口味，當你知道它們是什麼時，它們的味道再明顯不過。但是為何沒讀標籤時，味道就變得不明顯？

後來我猛然想起：康普茶的美，不在於你能製作各種可能的口味，儘管那佔了一大部分，康普茶之美在於**可能性本身**，那正是「媽媽味」嚐起來如此美味的原因。康普茶是一個能承載任何口味的平台，是萬事萬物的容器，它的意義不在味道本身，而在於**任何味道都是可能的**。在你知道品嚐什麼之前，它們嚐起來全是一個味道，或者很類似，你只需增添某種味道的**精華**到自己的平台，大腦就會接受它——假如你告訴大腦該接受什麼。生物能成為他們想成為的任何樣子，或做他們想做的任何事，這個道理也適用於康普茶本身——這是我們想要它變成的樣子。

你聽過「光學錯覺」嗎？這種現象欺騙大腦能看見某個不存在的東西。同樣的道理也適用於康普茶。你不想喝下一整杯黑莓汁，因為太甜了？那麼來杯黑莓康普茶吧。你的大腦會認為它是黑莓，至少就味道而言，而你的身體會知道它是康普茶，裡面幾乎沒有糖——你同時得到了果汁的口味和健康的好處。

一般來說，我們在每個半加侖容量的瓶子裡用上約一湯匙的調味，但我想看看能否使用更少的調味量。當我們在大腦裡說：「嘿，這裡發生了什麼？」之前，到底需要使用多少的調味？我不知道，但我確定會少於目前使用的份量。將來，我們會開始運用味道的波長，你知道的，當我們建立起實驗室時。

（我杜撰出康普茶的「過渡特性」，後來才發覺我觸及了相同的概念，意思是，你可以將幾乎任一種康普茶和另一種康普茶混合，而嚐起來的味道恰恰好。試試看你就會知道。）

說句題外話：「平台」是一個被過度使用的術語，近年來管什麼都叫平台，但使用它的傾向出自正確的地方：平台就是**各種可能性**。

康普茶的承諾是**可能性**，而特定的康普茶味道是**選擇**。

可能性 ⇩ 選擇

你知道這種事為何會發生？因為康普茶是一種活生生的飲料，它是由活酵母製成的，也就是說康普茶是活的，而任何活物都包含了宇宙或無限可能性。康普茶是飲料之中的無限可能性。

改變一下觀點，你可以說，當我談到康普茶，我也在談論生命本身。主觀的現實（亦即意識）包含了潛在的經驗，而自我（亦即我）則提供了真實的經驗。任何事情都有可能，只不過選擇取決於你。

可能性 ⇩ 選擇

說句題外話，這也是我們喜愛水上運動的原因。因為「水」這個平台在任何狀態下（水、雪、冰）都容許最沒有摩擦力的接觸，因此擁有了最多的可能性。好比說衝浪，當你在浪頭上，你是種種可能性；而當你選擇路線，你是選擇。

可能性 ⇩ 選擇

***

現在事情要開始加速發展了，所以請你抓緊點。

在瑪莉安．沃夫的著作《回家吧，迷失在數位閱讀裡的你》（*Reader, Come Home*）中，她談到一些關於我們閱讀時所發生的美妙的事。其一是，當你在閱讀某個句子，你的眼睛會迅速來回掃過，搶在你有意識的大腦之前先讀下一些字，然後再運轉回來。例如，在你閱讀之處兩三個字之前的單字是「stick」，那麼你的大腦便會「浮現」那個單字的所有可能意義，一旦它明白是哪個意義，便會迅速落在正確的意義上。

那是像樹枝一樣的枝條（stick）嗎？

那是像膠水一樣「黏住（stick）某個東西」嗎？

那是「堅守（stick）某個計畫」嗎？

那是什麼意思？

不過重點是，為了思考事物，大腦需要認識事物。因此，如果不學習，你就一無是處。瑪莉安．沃夫說：「一個老練的閱讀腦，顯然絲毫不容許碰運氣的成分，而奠基在以上下文脈絡和前備知識為基礎的機率和預測。」❶那是**可能性**，而非**機率**。

機率是數學家運用的東西，而可能性才是大腦運用的東西。

我和喬伊針對這段內容進行了大量討論，我認為它寫得相當酷！我是這麼理解的：你的大腦已將它所知的所有意義貯存在某種波場之中，當眼睛看見文字，這個波場就會被喚醒，而當大腦弄清這個字的意思，波便匯聚於特定的意義。

可能性 ⇩ 選擇

瑪莉安．沃夫提到的觀點可以作為閱讀概念的佐證，你讀過的東西越多，你就知道越多可能的意義，因此更能迅速理解並善於消化和解讀新訊息。我認為《回家吧，迷失在數位閱讀裡的你》是本好書，提醒我們對可能性要保持開放的心態，而不是封閉自我。

瑪莉安．沃夫還讓我注意到曼古埃爾所寫的《閱讀史》。曼古埃爾最迷人的觀察就是：書本是無限的。這話什麼意思？你對某書的解讀，不同於我對某書的解讀，這種差異源自於每個人帶進書裡的經驗總和（也就是自我）是不同的。當然，這個道理並不陌生，我們姑且稱之為在一本書中的諸多可能性（這指在水平方向的讀者之間）。

但這個概念在垂直方向也成立。當一個人在不同的時間點閱讀了同一本書，也可能會體驗到不同的解讀。你在今天、明年或十年後讀某本書，會基於當時的經驗總和，而得到不同的解讀結果。因此，同一本書會沿著這兩條認知軸線而顯得不同——書本是無限的。

可能性 ⇩ 選擇

曼古埃爾也解釋了為什麼文字是一種純粹的魔法，因為它們能穿越空間和時間。（人類做不到這件事，至少以物質的形式做不到。當然，我們的**自我**透過**超覺冥想**或其他方法，還是可能穿越時空啦）史蒂芬·金同意了曼古埃爾的看法。「書本是唯一可以攜帶的魔法」❷，史蒂芬·金近期的著作《後來》[30]中的主角說道，這本書是這位「說故事大師」在他非凡的寫作生涯裡，所提供給我們的無窮無盡的書流中最新的一本。

如果要談論書本和無限的事物，我們顯然需要提到波赫士。你可知道他成為阿根廷國家圖書館館長的幾年後，在五十五歲時雙目失明？猜猜誰是他的「讀者」之一？一個名叫阿爾維托・曼古埃爾的人。

波赫士的故事〈巴別塔圖書館〉（"The Library of Babel"）僅有七頁的篇幅，卻是他有史以來最好的作品。他在故事中設想了一座規模難以想像的圖書館：數量無限的一連串六角形房間，每個房間的四面牆上各有五層書架、每個架上三十二本書、每本書四百一十頁、每頁四十行、每行約八十個字母。這座圖書館大到能容納下全套二十五個的字母表所有可能的排列組合。

那是多少本書？我多次問自己，並好奇到去買了一本名叫《波赫士的巴別塔圖書館難以想像的數學》（*The Unimaginable Mathematics of Borges' Library of Babel*）的書。根據該書作者的說法，館中藏書的總數是（25的1,312,000次方）不適用於已知的宇宙。這是個很棒的意象，卻是錯誤的，因為物理學家對於已知宇宙所做的計算是錯誤的。一切萬物都適用於宇宙，因為它是現在，是無限可能性，就像康普茶一樣。

然而，巴別塔圖書館的要義不在於計算這座無限的圖書館（亦即宇宙）能容納多少本書，而在於，當中某處有你自己的救贖故事，以及你需要自己將它給寫出來。運用你的時間最好的方式不是

---

30 譯注：《後來》（*Later*），美國小說家史蒂芬・金（Stephen King）的作品，繁體中文版於二〇二一年由皇冠出版。

數算現實，而是創造現實。

可能性 ⇩ 選擇

波赫士甚至不會費心將數字包含在他的故事之中。為什麼，因為就像我們討論過的，如果要真正地理解事情，數學絕對是一種糟糕的工具。安伯托．艾可[31]後來指出：實際的數字與故事和讀者無關。是的，真正有關是波赫士所傳達的內容，也就是那些書本裡所包含的文字。簡言之，就是一**切的事物**。

他有他自己的清單，但我要給出我的清單：

達夫的故事，可以寫成以下句子：

康普茶對萬物的影響。

布巴．狄倫對萬物的影響。

布巴．狄倫對達夫的影響，以及那如何影響了他的康普茶製作，從而導致上面第一個句子的產生。

當中每個故事都可以在某一本書中被述說。

每個故事都在某一本書中被述說。

可能性 ⇩ 選擇

順便一提，波赫士的故事藉由指向萬物相關的主題，而將這些主題連結在一起：夢、迷宮、哲學、圖書館、鏡子和神話……他的作品是整個宇宙的表述。

既然我們在談圖書館，我應該公開向桃莉·巴頓[32]致意，她是有史以來最了不起的人之一，一位充滿喜樂的超級讀者。你可知道桃樂創建了一個名為「想像力圖書館」的機構，目前已捐出數百萬冊的書籍給全世界的兒童？她也資助了新冠疫苗的製造。噢，桃莉，你太棒了！今年我買了你的聖誕專輯、CD、馬克杯和書，當作給喬伊的禮物，因為她也是喜樂的專家。桃莉是麥莉·希拉的

31 譯注：安伯托·艾可（Umberto Eco，1932-2016）為知名義大利小說家、文學評論者、哲學家，最馳名的作品為一九八〇年小說《玫瑰的名字》。

32 譯注：桃莉·巴頓（Dolly Parton，1946-）為美國歌手、詞曲家、女演員、商人和慈善家，她以鄉村音樂的創作和演唱而聞名。

奶奶，每當我聽見麥莉唱歌，我就雙膝發軟地想要跪下。我也要為此感謝你。

我說到哪了？啊，沒錯，圖書館。作家卡爾維諾對於圖書館的本質也有深刻的了解，他曾寫道：「我們是誰？無非是經驗、資訊和我們所讀過書的結合體……每個人都是一部百科全書、一座圖書館。」❸

瑪莉安．沃夫將這個觀念鎖定在「閱讀」這件事上——大腦先讓所有可能性浮現，然後趨合於一個可能性——但其實可不只限於閱讀，大腦整天都在這麼做。當你（你的大腦）發現自己處於小說情境，它會使得所有類似的情境浮現，以便對於接下來該做什麼做出消息最靈通的決定；然後趨合於一個情境。

要如何生活？你去做某件事，注意有趣的東西（也就是餵養你的大腦），然後做到底，接著再做下一件事，僅此而已。有趣的事例如嚐起來美味的東西、聽起來好聽的音樂、看起來賞心悅目的景色、聞起來芳香的花朵。還有親吻、故事、小貓、落日、嬰兒、水、鳥、魚、馬（特別是名叫巴尼的馬），以及我的女兒M。

當某事使你想起了另一件事，那是你的大腦在告訴你：你做得很好。大腦內有一座大型檔案庫在運作，它需要透過裡面的事物反映出新的經驗，以便弄清接下來要做的事。而你要做的則是建立這個檔案庫，而不是去分析它。

笨蛋才思考，你的目的是活著——這就是既視感顯得如此怪異的原因，那代表你的大腦偶爾在向你展示它如何運作。因此，大腦含有心智的部分，也有近似既視感的東西，對吧？既視感會稍微附帶地使人發癢？你知道有什麼別的東西也以同樣的方式使人發癢？那就是愛。你知道為什麼嗎？因為它們是同一件事。當你產生既視感，你的大腦讓你瞥見了萬物之間的相互關連，那就是愛。

既視感使人發癢，因為它使你想起了愛。為什麼？因為那個訊息的傳送管道與大腦傳送訊息給你的管道是相同的，而訊息只有一個，那就是愛。「多愛一些」是你所得到的建議，「愛使人發癢」則是你得到的觀察。但它可能也是一道命令：去愛你的癢。你還有什麼別的事要做？

人們會犯的典型錯誤是，我們混淆了既視感與我們所做的某件事，也就是**思考**。你以為你在思考，當你說「我以前見過這東西嗎？感覺怪怪的？我有既視感！」那不是你在思考你以前可能見過它，而是你的大腦正快速地翻尋檔案櫃，並讓你窺看它正在這麼做。兩者不是同一回事。

那些所發生的事是大腦活動，而非心智活動，這些提醒來自於大腦，而非你的心智。而且，你不是你所以為的你，你只是原本的你，你也是意識、宇宙和萬物之間的相互關連。那些事物——以及你——是合而為一而且完全相同的，除此之外你什麼也不是。

《回家吧，迷失在數位閱讀裡的你》中有一段話引起我的注意：「所謂洞見，是瞬間瞥見了大腦中所貯存的大量未知知識，那是大腦皮質在分享它的秘密。」[4]但這個說法太過科學了。那不是「皮質」，那是大腦，亦即意識、愛、宇宙和現在。洞見就是你正在利用大腦所得到的成果，也就是發現萬物之間的相互關連。你並不擁有知識，你就是知識。再說一次：我們是我們所尋求的事物。

洞見是望向裡面——透過內視——來看看大腦裡的檔案櫃裡有什麼東西。如果你與大腦產生了連結，你就會發現你所需要的東西；如果沒有連結，你想找到東西就只能碰運氣了。

這不盡然是某種啟示，我不確定以前是否有人這樣明確地說過：

首先，你的責任是面對可能性。

對「任何事都有可能」保持開放的心態，直到時機到來。

因為你的下一個責任是做出選擇，然後全力以赴。

現在你要做什麼呢？

當然，要擁抱生活中的各種不確定性，不是件容易的事，你需要漂泊不定，拋棄個人紐帶，也沒有明天保證會有的一頓飯，只能一路往前。我們多數人都會試圖降低生活中某部分的不確定性，藉由找一份工作、建立夫妻關係、買房子等方式來達成，這樣很好，因為不確定性是……嗯……不確定的，而且生活有時令人驚慌。

所以，我們設法在不想要的地方消除不確定性。但關鍵是，如何在我們想要的地方找出不確定性。那正是嗜好的用武之地，儘管在付出努力前你不會看到成果。一旦你擁有這門技藝，你就能安頓於現在，讓不確定性一股腦兒地撲向你。這正是我們閱讀的原因，這正是我們演奏音樂的原因，這正是我們滑雪、衝浪、跳舞、聊天、從事園藝的原因；這正是我們製作康普茶的原因。

當然，這當中的風險在於。當我們讓新奇感變成了一種癮，我們將無法有效維持自己與別人或與自己的關係。性成癮是個絕佳的例子，我完全能明白跟每個我認為有魅力的人發生性關係的那種吸引力，但我也明白，一旦真正發生了關係，大多數人並不會就此感到滿足。

好比說，Tinder這類線上約會網站的吸引力，不在於你與約會對象可以發生性關係，而在於，該網站是個**可能性的平台**。我喜歡使用Tinder，它讓我擺脫身為一名自由工作者、不喝酒的離婚父親的孤獨生活，所以在我四十幾歲時，我在這個「愛的數位壕溝」中待了好幾年，對此我並不後悔，因為去開發更多的可能性，並沒有什麼錯。

可能性 ⇩ 選擇

你現在要做什麼？

第十五章　哈利波特的真實故事

他很慢很慢地站起身來，這時他感到比以往更加有活力，也更意識到自己活生生的身體。先前他為何不曾察覺到自己是多麼了不起的一個奇蹟，擁有大腦、神經和跳動的心臟？

——《哈利波特：死神的聖物》

跳舞是這輩子最讓我膽怯的事情之一。我的意思，如果你非要看，我會跳，但那是我最害怕的事情。我很難自在地處於跳舞的**當下**時刻。

四歲時的M並不知道這個情況。（如今，她對我的舞技評價不高。）這些年來我們有一批用來跳舞的歌曲，當中脫穎而出的是史普林斯汀（Bruce Springsteen）二〇一二年專輯《落錘》（*Wrecking Ball*）裡的〈美國之地〉（"American Land"）。我們用這首歌來跳華爾滋，從公寓的一頭跳到另一頭，她在我的懷裡飛舞。當年她還是個小傢伙。大約在二〇一八年，我們讓〈美國之地〉退出曲目，因為她變得有點重，我老邁的手臂已經抱不動了。我們都害怕我很快就無法將她扛在肩上。

你知道當一個父親最棒的是什麼？是當你看著孩子的雙眼，你感覺到愛在你們之間流動。你能感受到類似於你與**愛人**之間的東西，但又不盡然相同。當你看著孩子的雙眼，你會看見創造的本身，你會看著他們眼中閃亮的光芒讚嘆：「真神奇，這個稱作生命的東西！」

M是我喜樂的源泉，加上我另一個喜樂的源泉喬伊，所以我總共有兩個喜樂源泉。她們陪伴著我，也喚醒了我。過去五十年來，無論我做了什麼，加總起來只成就了一件對的事：一種對於活著的覺知——完全地活在此時此刻。所以我當時做對了。

我們只不過是自我經驗的總和。就此觀點而言，我明白在我的大部分人生中，我一直在逃避自我，即使我始終都在場。我花費人生在讀波赫士，甚至花時間向喬伊「解釋」巴別塔圖書館是怎麼回事，一直以來，喬伊只是耐心地等我閉上嘴五秒鐘，好邀我進入現在，進入新冠疫情，還有清晰。因為「清晰」是一切意義所在。關於意識本質的清晰，它遠比我以前所知道的更加神奇和驚人地簡單，而我原以為它是很複雜的東西。

以往的我並非全然地活在當下，現在我是了。為什麼以前沒人告訴我，此刻已經包含了所有的好事？一切的好事！啊，等等，他們告訴過我，一而再，再而三地。如今我的無知使我謙卑，而我終於認知到的「可能性」使我振奮無比。

現在、現在、現在、現在、現在、現在、現在。

想像一下，如果再也沒有人懷疑自己，這世上會出現什麼樣的天堂？此刻我最重要的任務，是幫助M和她的大腦進入心流，我試著和她分享我所學到的一切，與其說是試圖告訴她有關「她父親」的故事，不如說，我告訴她那些正在發生的事。她很懂得傾聽，因為我們終於連結了起來，這是一種新鮮的感覺，而且很美妙！我知道她也能感覺到，因為她眼中閃爍的光芒說：「真神奇，這個稱作生命的東西！」

每當有人想起某件有趣的事，我們之間就會出現許多循環延伸的對話。喬伊也參與了一切，而且不只如此：喬伊既是一個母親，也是我沒能給與M的姊妹，她們會談論女孩家的事，秘而不宣地。待在羅克雷治的每一天，M和喬伊（有時加上我）經常散步到羅克雷治邊緣的藍灰沙岩採石場。「我們去岩棚那裡吧。」M說著，然後兩人就消失了。身為父母離異的獨生子女，M天生就有一種寂寞，但自從喬伊來了之後，她不再寂寞了，她擁有一個最好的朋友，她們兩個之間充滿了愛。

這真是神奇，這個稱作生命的東西。

我幫助M建構心智，我可以從她眼中看出感激。M是個快樂的孩子，也是個極具同理心的人，當我看著她，我就感受到魔法的存在。我的意思是，我覺得我的心臟快要爆炸了！一方面我們都想得到祝福，另一方面，魔法從虛無中召喚出許多事物——愛正是如此。換言之，愛就是魔法，或者說，魔法就是愛，總之兩者是同一件事。

另一方面，假象指的是不真實的東西，那些純粹複製於其他事物的東西並不全然真實。因為一旦沒有新的東西存在，就表示沒有東西會被創造出來，而如果沒有東西被創造，就不會有事情發生。如今，**真相**可以複製，而且沒人知道箇中的差別，因為每個人都被數字排擠掉了理解能力，也變得異常分心。

我年輕時想當個魔術師。我父親是個業餘魔術師，我想和他一樣，但最終我成為一名幻術家，寫著充滿別人想法的書，只是把它們包裝成我自己的——那可說是抄襲，純粹而簡單的抄襲。

我抄得最多的兩個人——史賓德和馬修．史都華——對此總是表現得相當和藹。事後回想，我能明白他們看得出來，當時我正在解決自己的課題，所以他們讓我採納他們大部分的想法作為我自己的想法。他們是真正的哲學家，具備了令我敬畏的才智，但此後我終於創造出我自己的東西，我知道這是真的，因為此刻它正在發生，持續在發生。我用我所打下的每一個字創造了它……

***

後來我終於明白，我唯一的工作就是陪M閱讀《哈利波特》，當時我完全沒想到這對我們的關係或我的人生會產生什麼影響。隨著二〇二〇年春天和夏天的到來，在M來訪前，我持續感受到要讀完手上《哈利波特》的壓力，這樣我們才能一起看週末的電影——我第一次看，而她已經看了一百萬次。

某種程度上，我對自己閱讀《哈利波特》系列的速度之慢感到焦慮，不是為了趕上電影，M可以等，所以，到底是為什麼？因為我的心進入了未來，在那裡，我假設如果我想寫完這本書，我必須讀完整個《哈利波特》系列。你知道我做了什麼？我關注著一件很棒的事，卻不知怎的使它糾纏於未來，最後這件事成了我的壓力來源。我們每分鐘都在對自己做這種事，而想避免的唯一辦法，就是保持警覺。

我們每天投入了太多的事情，無論社會新聞、商業行銷或其他，這些事情都被設計成相同的本質。各位，那就是如何去控制人們、如何賣東西給人們，使人們專注於明天。就本質而言，我們所創造的溝通與合作體系被設計成不只考慮到自己的需求，也必須考慮別人的需求，這是個高貴有價值的理想，然而風險是，我們讓一個體系將我們的注意力從**自我**身上拉開，因為要操縱一個與自我失去連繫的人，是一件更容易的事。

一個試圖**量化**一切的體系，就其核心而言，就是使人不去關注**自我**。數字不包含意義，所以如果我們花上越多的時間在思考數字，生活就會越缺乏意義。

一個試圖**解釋**一切的體系——舉例來說，**科學**——就是在做這件事。科學將我們拉進智力活動，遠離內心，而當我們專注於那些想像中可以解釋的事，就不會再留意那些不可解釋的事。然而，生命中重要的事都是不可解釋的——例如愛、樂趣、美或存在本身。又好比說，靈性的領悟也不是能用智力解決的。❶因為答案存在於心中。

另一方面，一個懂得感激的體系能讓我們停止對一切居功，能讓我們只為了單純活著而感激。一個有愛的體系也一樣，它透露了關連，而非區別。多樣性是好事，但一致性更好。我們其實都一樣，但除非我們停止計較彼此的不同，否則不會明白這個道理。

我離題了。說到閱讀《哈利波特》，M教了我一個方法。我告訴她，我會以最快的速度閱讀。但她說：「不，不要這麼做！」「別讀完！」當下我瞬間明白，我應該不要急著讀完，所以到了最後，我每一本花上約一個月的時間，讀得相當慢。這一切使我想起很久前我讀到有關《戰爭與和平》的一則書評，我記不得確切的句子，但大概是這樣：「我讀完這本書之後碰上的唯一問題是，我再也沒辦法擁有第一次讀它的快樂。」

我沒有對《哈利波特》犯下那個錯誤。一旦這本書使我心癮難耐，我就將它抽出來閱讀。我好整以暇。你知道好整以暇會發生什麼事？你會注意到原本不曾注意到的事。近來我一直仔細地傾聽，而且比以往聽到更多J．K．羅琳試著告訴我們的事。

哈利波特傳奇是有史以來最了不起的文學成就之一，當我們表現得像個英雄，我們就是英雄；當我們表現得不像英雄，我們就不是英雄。哈利最好的朋友榮恩很忠誠，但容易自我中心。妙麗為人勤勉，但性格急躁。哈利在所有端點之間移轉——忠誠、自負、細心體貼、衝動——他們是奇幻領域的真實人物。

當我說《哈利波特》包含了**真相**，那是什麼意思？羅琳把它寫成一個關於孩童的故事，然而，她送哈利踏上的其實是一段**自我的**旅程，而一路上她所教導哈利的，則是人生一輩子的功課。我們所得到唯一有價值的教育，不是來自教科書，而來自於經驗。麻瓜不會好好地傾聽，也不會好好地看。

他們從來不會留意任何東西，他們從來不這麼做。❷

榮恩陪伴哈利的每次歷險都無法走到最後，這時哈利必須獨自踏上旅程的終點，那稱作「認識自我」。也就是說，你無法帶著朋友走完那段路，你得獨自上路，然後再回來與朋友同行。

最重要的是：你就是宇宙。當你經歷人生，儘管你的軌道上有其他的朋友，但你創造的東西是你自己的，也僅僅屬於你，你的遭遇無法歸咎別人，因為你必須自己做決定。當你做出決定，你應該依賴直覺勝過任何東西，你應該聽從內心，而非理智。哈利波特即便無法做出全部正確的選擇，但他持續做出選擇。此外，他試著去做對的事。是的，那正是我們唯一需要做的事。

＊＊＊

各位，一切都包含在《哈利波特》之中，羅琳完成了不可能的任務，她將關於人生的一切塞進了僅僅七本的系列作品當中。

「絕對別想」，海格暴躁地說，「從半人馬獸嘴裡得到直接的答案。這些討厭的占星師！他們對於比月亮近的任何東西都不感興趣。」❸

翻譯成大白話，我認為羅琳在告訴我們，科學家（在本例中為天文學家）絲毫不關注人類的處境。史萊哲林（Slytherin），科學、文憑主義、白人與金錢至上的學院，「擁有錢就能買到最快速的飛天掃帚！」❹

這個論點多麼驚人！

在《哈利波特：消失的密室》中，妙麗為洛哈辯護，因為他以專家姿態示人，而我們全上了他的當。

我們為何要競爭？我們根本沒有競爭的必要，也沒有贏的必要。魁地奇不是有史以來最棒的運動比賽，魁地奇模仿人們所有愚蠢的競賽，包括一切的球類（大大小小）、球門、球棒和不可思議的規則：如果你們的搜捕手逮住金探子，你們的隊伍就能得到一百五十分。為什麼是一百五十分？因為除非有人大贏，否則這個運動就不好玩了，只贏一分多沒意思。

我們沒有排名的必要，沒有計分的必要，也沒必要看誰的分數比較多。（吉德羅．洛哈數算著他的情人節賀卡。）我們深陷於種種愚蠢的競賽中，但生命本身沒有輸贏，唯一的目標，就是真正的了解你是誰。

你會嚇一跳……被魔法部沒收的書當中——爸爸告訴我——有一本會燒壞你的眼睛。而讀過《巫師的十四行詩集》（*Sonnets of a Sorcerer*）的人，餘生只能用五行打油詩說話。還有巴斯的某個老女巫有一本書，你一讀就停不下來！❺

魔法部就是個體制，企圖消滅那些具有破壞性的東西，趁著它們還未生根之前。例如……莎士比亞……原創的愛的詩人……之類的東西，或者閱讀本身。M一讀《哈利波特》就停不下來，她將系列中的幾本讀了三遍，還一再重複聽有聲書。

海格是哈利、榮恩和妙麗的朋友。現實生活中，小孩子不會跟某個不是親戚的成年人當朋友，因為他們會害怕。但如果小孩和大人都將彼此當成平等的人類對待，那將多麼有意思？成人自以為見多識廣，其實小孩才是最了解愛的。我隨時願意和像M這樣的孩子做朋友，只要我不會因此被趕出去。

在《哈利波特：消失的密室》一書中，哈利問，要如何被帶進別人的記憶之中？在日記裡，那就是辦法。最具破壞性的行為，就是用勇氣和愛講述你自己的故事。《哈利波特：消失的密室》可以說是一部日記，反映了你的內心。書裡的結局使我想起兒時最喜歡的書之一：《布朗百科全書》（*Encyclopedia Brown*）。一切盡在眼前，你唯一需要做的，就是傾聽。

「書可能會誤導人。」洛哈小心翼翼地說。

「你可是寫書的人！」哈利大聲說。

「老兄，」洛哈說，挺起身對哈利皺眉，「你有運用你的常識嗎？」

在《哈利波特：阿茲卡班的逃犯》中，阿茲卡班監獄喻指內疚和羞愧。哈利的叔叔天狼星在阿茲卡班監獄待了好幾年，但他是哈利的替身。如果哈利變成他自己的羞愧監獄裡的囚犯，他就會成為天狼星。這樣看來，這本書也是J．K．羅琳筆下一本關於時間旅行的書。

我們很難想像年輕的你會對年老的你說話，但要想像年老的你對年輕的你說話倒不難。不管是哪一種，在你一生中，你只需要知道一件事，那就是認識真正的你，發現真正的你，是你唯一的功課。

哈利，能夠顯露出我們真正為人的，是我們的選擇，而不是我們的能力。

＊＊＊

J．K．羅琳也是一個擅於顛覆好壞認知的大師。霍格華茲的要點在於，如果小巫師們得到足夠的教導（透過教育），他們就能夠抗拒黑魔法。但你知道她在說什麼，對吧？那就是，如果你的腦袋塞滿了無意義的東西，你會變得迷戀智力，當你深深依賴理智，你會去抗拒真實的愛。妙麗體現了這個問題：身為老師的寵兒，她最熱中的莫過於預先規劃她的未來。

「等等，等一下！」妙麗大叫……「我們不能就這麼走了，我們還沒有計畫好，我們需要——」「我們需要展開行動。」哈利堅定地說。❻

這是最重要的教訓。儘管規劃一個好人生的誘惑是如此強大，但正確的選項是好好去體驗人生。要規劃人生，你必須能夠預測未來，然而未來根本不存在，所以這是個艱困到不可能的任務。

就像海格說的，會發生的事情終究會發生……當它發生時，他只能去面對。❼

讀到《哈利波特》系列最後一本的最後幾章時，我哭了。近來我為許多事哭泣，無論是一本好書、一部觸動心弦的電影，或者最常見的，一首好歌。M知道後表現得彷彿這是件好笑的事，但我知道她明白，這是我心臟還在跳動的證明。把《哈利波特》讀完，就像一件真正美好的事物就這麼結束了，苦樂參半。

我們為何這麼喜愛故事？原因之一是故事開始前的引語——無論是「很久很久以前」或「我要給你講個故事」——讓說故事者和聽故事者的心和大腦都安定了下來。還有，當故事展開時，說者會進入一種給予狀態，而聽者則進入一種更容易吸收意義的接受狀態。

文字和故事的力量很強大，它們能傳達教誨，但如果你仔細聆聽，也能發現其他的各種力量都漂浮在故事裡，包括回憶、愛、勇氣，以及更多的東西。我們都能學會以更積極的方式來講故事，這很大程度可以視為一種靈性的修習，因為故事使人想起創造力，提醒我們終究都是造物主。

某次，哈利波特在霍格華茲的玄關上奔跑，當時畫中的人物卡多甘爵士為他打氣。卡多甘說：「吹牛皮和耍無賴的、惡狗和壞蛋，趕走他們，哈利波特，目送他們離去！」卡多甘是J．K．羅琳筆下的唐吉訶德，是書中重要的虛構英雄。塞萬提斯（Cervantes）筆下的唐吉訶德被多數人視為裝模作樣的傻瓜，但他自認在追尋聖杯，他認為別人都錯了，只有他是對的。

事實上，我們全都是上帝，如果從每個人的自我觀點來看，我們確實是有史以來所出現最偉大的事物，因為我們是自己的創造物。羅琳提醒我們，無論我們是誰，如果我們沒有隨時隨地——在活著的每一刻——尋求為我們所創造的宇宙做出正確的事，我們便完全錯失了重點。

那正是為什麼，即使羅琳持續以哈利波特的遭遇作為敘事核心，但她在最終的情節將故事架構給擴大了，顯示我們所知的每個角色都是他們自己人生故事裡的明星。舉例來說，奈威·隆巴頓殺死了佛地魔的蛇納吉尼；曾與金妮·衛斯理約會的迪恩·湯瑪斯，也有過幾次屬於他的英雄時刻。當然，羅琳在告訴讀者，正如我們是自己故事裡的明星，我們身旁還有無數的故事正在發生，這都只是你的特定觀點，我們全都是同一個無限故事裡的主角。

「消失的東西去了哪裡？」

「進入無有，也就是說，一切事物之中。」——麥高納格教授回答。

就像我說的，羅琳將一切都包羅在這本書裡——那整個該死的宇宙。

第十六章　如何搔自己的癢

如果你想認識這個世界，你唯一需要做的就是傾聽。人們在旅行時看見的東西無非是假象。陰影追逐著其他陰影。道路和國家無法教會我們原本就不知道的東西，然而在平靜的夜晚，我們聽得見自己內在的一切。

——阿敏・馬盧夫，《巴爾塔札之旅》❶

當我最初以「學會搔自己的癢」作為本書的主旨，我描述了我所謂「發癢」的類別。在我看來，你有四種基本方法可以搔自己的癢，分別是：

一、餵養你的身體

二、跟你的身體玩耍

三、餵養你的心智

四、跟你的心智玩耍

頭幾次試著寫這一章時，它基本上是我透過上述分類來搔自己癢的方法。我列出了我最愛的食物、我最喜歡的振作方式、我餵養我心智（亦即學習）的方式，還有我跟我的心智玩耍（亦即創造）的方式。我還羅列了長長的清單，包括了我所愛的每個人。我無意說服任何人去喜歡我所喜歡的東西，我只是試著指出，這些東西是為了強化你對事物的注意力，以便讓你嚐到特定經驗的精髓。

那時，你會開始產生癢的感覺，從而想試著動手製作一條雛菊花環。與別人分享你的癢處，差不多就等於在分享愛。長久以來，心靈大師一直告訴我們：最好的愛，不是來自你自身之外的某物或某人，而是愛你的自我，愛你自我的存在。當你精通此道，它們甚至不再稱為愛，而稱為至樂。

如果你能保持專注於內在，你會愛上關於自己的一切，包括你的本質、你所做的事，那就是最具感染力的事。愛你自己——而不自我陶醉——人們就會聚集在你的身旁，甚至會喜歡在你身旁做他們自己。真正的愛莫過於此。

不過有件事我要說明。在我建議大家追隨熱情並盡可能深入探索的同時，我基本上是在提倡一種尋求感官樂趣的生活，這令我有點困擾。很久之後我才明瞭，冥想是如何深刻地影響一個人棲居於自身存在的能力，而我難以調和二者。冥想教你控制內心，對你的官能發揮控制力和紀律。換言之，不要讓感覺牽著……鼻子走？（抱歉，我無法抗拒。）

我不是清心寡欲的和尚，我想你多半也不是。我喜愛康普茶的味道，我喜愛巴布．狄倫的音樂，我不願成為一個必須拋棄喜好的人。所以每當我坐下試著處理這一章，我就會感到挫折，我要如何提倡控制內心，並且不忘追求我的四個癢？它們似乎站在彼此的對立面。

感官將我們拉向外界，但我們尋求的是內在，那超乎了感官所能觸及的範圍。所以，我們如何運用感官來獲得**真相**？聖典告訴我們，真相存在於心之外、智能之外和官能感知之外。換句話說，真相存在於一切事物之外，它是一切事物發生的背景。然而，我們如果想認識任何東西，唯一能運用的工具就是我們的感官——這又是個悖論。

所以，解決之道是什麼？冥想大師會告訴你，令我們分心的源頭，正是能帶領我們到達目的地的同一個事物。憑藉著紀律，我們能對所有純為噪音的感官輸入置之不理，如此一來，就能專注在重要的事情上，也就是那些能向我們顯露上帝真容的事。你得為你的生活方式負責，在每一個時刻，你得決定接下來該做什麼，以及不該做什麼。因此結論是，去做你唯一能做的事，那就是：**專注在有意義的事情上**，忽略其他的一切。那麼，何謂有意義？我無法告訴你，這是你自己需要回答的問題。

所有知識都是透過經驗而來，我們無法真正了解任何事，除非我們經歷過。即使是那些傳達事物精髓的最佳方法，例如透過語言、藝術或文學，也只能點到為止。我不是說這些嘗試沒有價值，它們多半有價值，因為沒有人能夠經歷一切，但經驗終歸沒有替代品。所以，實際去經驗是有必要的。

我的建議是，去做那些讓你感到體內微癢的事，如果你曾仔細留意的話。它是經驗之癢、學習之癢、創造之癢、愛之癢，你越能**鎖定**這種感覺，就越容易召喚到它。

說到這裡，在某次定期的週日Zoom通話中，我和喬伊的母親貝蒂及我們的共同友人魯帕姆在聊天。魯帕姆是個印度人，也是一位物理學家，我問他關於印度對數學最大的貢獻是什麼。他想都沒想就跟我說，印度帶給我們「零」的概念，而零包含了一切。

貝蒂接著指出，零不是別的，正是**自我**。想想，當你開始沿著某條線數數，或者遠離某條軸的中心，它都是從某處開始的，對吧？那個某處就是你。我們的數字系統的確是建立在自我的概念上，這讓我們更加驚異於西方科學家一直堅持的客觀性。我認為根本沒有「客觀性」這種東西，那是假象，你所知道的一切都包含在自我之中——所有的一切。

請思考這件事：如果你開始數算東西，你是從**零**開始移向無限，但你永遠無法到達終點。不僅如此，如果你用有限的意識來計算無窮的數字，你很快會發現你的意識是完全分散的。然而，如果你不去數算東西，那又會怎樣？你只是保持原狀地接受你的完整狀態，你的全部就是所有，也就是存在本身。此時，你只需要向後靠（朝向零），正好落入**自我**的空無中。當你用你的意識除以某個計算結果為零的事物，你最終得到的就是一種無限的意識，又叫「意識之洋」，而這完全不費任何力氣。

數學無法讓你到達那個境界，除了告訴你任何數除以零等於無限。這只是指出一個方向，你需要親自實踐，而且你只需要一個我們認為代表任何事物的數字，那個數字就是一。一是愛，是全部，而零是無。

如果你用愛去除以「無」，那會得到什麼？關於這個問題，你可能需要問數學家，但我認為你會得到**無限的愛！**瑜伽修行者會告訴你，你的目標就是什麼事都不做，什麼人都不當。我想我明白這個意思，但我不理解他們所做的那種數學。我是說，我知道在數學裡，要通往「無限」，都得穿越「零」這道門，但我不知道同樣的道理也適用於人生：你不想要成為任何特定的東西，你只想成為每一個東西，而到達那裡的路正好必須穿越零。難怪零的形狀就像個入口，你只管穿越過去。你以為你所知道的一切，在與零的涵義相比時，都只是假象罷了。

上述談話發生的同一天，我經過M的房間，指著地板上的一條毛巾。那是我做過無數次的事。

「那是什麼？」我問。

「一個假象。」她回答。

那是冥想教給你的東西——對那些令你分心的事物置之不理，好讓你能專注於手上的事。所以，這或許不是一種悖論，而像所有的悖論那樣，會隨著觀點的正確調整而瓦解。一輩子企圖搔自己的癢並沒有錯，只要你鎖定對的那種癢，那些讓你覺得活著很快樂的事。

佛教徒稱呼那些我們在獲得某種經驗的欲望驅使下所致力的想法、言論或行為，叫做「習氣」（*samskara*，或譯「印記」），意思是「熱切地被完成的事」。❷印度靈學大師伊斯瓦蘭（Eknath Easwaran）稱習氣是「性格的關鍵」。某些事物對我們的吸引力深植於意識之中，而我們之所以受到吸引，只不過是因為我們經驗的總和讓我們有這樣的感覺。雖然我不是佛教徒，但直覺告訴我，至少有一些習氣可藉由它們會令人發癢而識別出來。

當我說到「搔你自己的癢」，我指的是提升你對感官的控制力，以便更接近最終的目標，亦即專注於你的存在。但集中注意力很難，不是嗎？在我看來，讓我專注於**現在**的最好辦法，就是做些我喜歡的事。將注意力集中在這些事情並不難，因為它們總是令人發癢。然而，做這些事的目的是讓我能夠專注，好讓我更能覺知到自己的存在。

弄清楚哪些事能讓自己發癢，似乎並不那麼難，每當有發癢的跡象，你的大腦會讓你知道，它會回傳給你巴布．狄倫在描述他的傑作《*Blonde on Blonde*》專輯中所追求的聲音時，所稱的那種「野性的水銀感」。（沒錯，狄倫學家們，我知道他稱之為「稀薄、野性的水銀聲」。）

我們講到哪了？對了：那野性的水銀玩意兒。我要告訴你狄倫在說什麼，即使他從沒解釋過。

他就是在指涉那些使你發癢的事物。就狄倫而言，這玩意兒是在那時使他發癢的聲音，而就我或你而言，這玩意兒會因背景而變得不同。什麼東西會使你發癢？為何有些人不喜歡發癢？這是多麼瘋狂的事！

更重要的是，我們為什麼會演化成一個自以為無法令自己發癢的物種？你當然能夠使自己發癢！你整天都在做這件事，當你給大腦它所想要的東西，而它回傳給你愛的訊息，作為對你的感謝。這是我們為生活帶來喜樂最容易的方法。結合這三者——感謝、發癢和愛——你便擁有驚奇感的組成要素。

在我們生命中最大的驚奇感，就是覺察「你存在」的這個奇蹟。然而，對許多人而言，感覺到比聽起來更難。不過，你可以從讓自己發癢做起，至少這個方法對我有效。至於，我們為何都以為無法使自己發癢？因為在這個社會中，許多可能性都被取消了，因此遺失了重要的東西。

某次，一個名叫克里斯多夫的傢伙對我說：「達夫，你似乎總是在尋找某個東西的最好版本，認定之後就死心塌地。」我回應：「每個人不都是這樣嗎？」

為免你認為我太過自以為是，我告訴你，他說的是辣醬。然而我經過一番思考，至少在個人品味方面（意思是使我發癢的東西），我承認他說得對。當我找到真正喜歡的東西，我會大量購買直到再也吃不完才罷休，這種情況適用於一切的事物，從食物到想法、音樂和人。

當你把一餐中最好的部分留待最後才吃，你是在設法延長這種癢。當你設法拖延某本書的閱讀進度？你在延長這種癢。當你設法讓性高潮持續下去？人們稱之為處於「性高潮邊緣」（edging），因為一旦達到頂點，你就完了（在某種意義上）。當你和朋友一起咯咯笑個不停？你們是在搔彼此的癢。以往當M命令我：「幫我搔癢，爸爸，用力點！用力點！」她知道她在做什麼。

我們為何告訴自己，我們不喜歡被搔癢？我認為那些不喜歡被搔癢的人，是在對自己施加某種心理控制。發癢是一種愛的訊息，如果你不讓這些癢進入內心，就是不讓愛進入內心；如果你不讓愛進來，恐懼就更容易找上你。如果你被恐懼給控制，你就會聽命行事。

比如說，你會聽專家的話，而專家會嚇唬你，讓你以為你需要他們的專長來指引你進入那個根本不存在的可怕未來。他們會告訴你，你可以利用數字作為咒語，來對抗一個名為「不確定性」的可怕怪物。其實，想擊退這個怪物，你唯一需要的就是愛，而我們可以透過發癢得到愛，這比我們以為的容易多了。

我跟喬伊談到那四種癢，她說我不該忘記魯伊茲先生[33]的《四個約定》（*Four Agreements*）。她說得沒錯。魯伊茲的「四個約定」教你如何過上美好的生活，而我的「四點」比較具體，它們關乎你的熱情，是你可以做來搔自己癢的事。就像J．K．羅琳說的，藉由搔**自己**的癢給自己更多的**樂子**——更多的**愛**——然後你就會忍不住將它散播到全世界。沒有人比你更知道要如何騎上你的掃帚。一旦你學會騎上你的人生掃帚，一路上，你就能順帶讓許多人搭上一程。

我認為**科學**被過度高估，我也認為**思考**被過度高估了。我說這話的意思是，**智力**被過度高估，至少當它違反經驗本身時。這種混淆在於，我們相信學習是一種主動的事，其實不然，**學習發生在它發生時**。你可以在腦袋塞滿你想要的任何東西，但在你了解它們之前，它們對你幾乎毫無用處。

不僅如此，要學習某種有持久價值的事物，靠的不是智力，而是大腦，大腦不需要外力幫助，只需要我們活著，以及運用五感。當我們**思考**，我們只是在玩一個心智的玩具，試著在日常生活的混亂中創造一塊小小的秩序綠洲。但在混亂背後還有另一種秩序，一個更高層次的秩序，包含著你需要知道的一切。不過，你無法藉由思考到達那裡。

然而，事情也沒有那麼難，你只要足夠仔細地聆聽，就可以到達那裡，在雨聲中或浪濤聲中聽見上帝對你說話。答案，就像詩人告訴我們的，在風中鳴響。

我直到二十幾歲都還不認識自己，原因之一是，西方的教育體制告訴我，我比多數人都聰明，而我深信不疑。我的意思是，我相信了我們能夠藉由分析去了解生命。因為我在學校的「分數」說

33　譯注：唐．米蓋爾．魯伊茲（Don Miguel Ruiz）為國際知名心靈成長作家，也是托爾特克文化最具代表性的「薩滿」。他的知名著作《打破人生幻鏡的四個約定》（*The Four Agreements*）幫助讀者讓心覺醒，改善個人整體的自由與幸福感。

明了我比別人聰明，而我相信分數。但我的做事能力發育不良，不同於我的思考能力，因此我不知道我是誰，也不知道我的本質。為什麼？因為我們不是自我以為的那個人，而是自我所造就的那個樣子。換句話說：我們是**已然發生的某個事物**。

印度靈修傳統中有個詞語代表了透露更高次元存在的神恩降臨，稱作*shaktipat*。其他宗教傳統對此有不同的名稱，但談的是同一件事，亦即覺知到在我們之外的東西——在我們小小的自我意識之外。自我意識告訴你，是「你」讓事情發生，是「你」做了那件事，而覺知則代表著：突然明白了情況可能並非那樣。

這種經驗挑戰了我們在日常生活中相對自主的概念，從而讓我們感覺到有某種更高的秩序、某種遠超過個人經驗的整體性存在。這種覺醒同時伴隨著真相揭露的重量，帶來了透過覺知而產生的自由。當你覺悟到我們都是一體的，你很快會獲得這種覺悟所帶來的好處。大衛．弗勞利稱之為「生命法則」，也就是：是萬物促成了那種感覺與萬物同為一體的生命。這話有道理，不是嗎？如果你感覺到與某物或某人成為一體，那麼，那個事物就是你，你怎麼不會像支持自己一樣地支持它？

為何人類會自認為特別？我們可能是唯一不知道自身目的的物種。樹木知道它們的目的，它們不會感到困惑，它們在活著的每一刻決定繼續當一棵樹。正因如此，它們擁有這麼多的葉子，它們一而再、再而三地決定要當一棵樹。樹木之間也沒有溝通不良的問題，相反的，它們在地底交談，當一部分森林需要來自另一部分森林的某個東西，它們全都在做事。喬伊還提醒我，樹木會遷徙，儘管是以我們的時間感所無法理解的速度在移動。相較之下，相互間經常無法溝通，總是對彼此做出不正確假定的人類，卻自稱已進化。其實，人類是**最不進化**的物種。

人到底是如何自我說服，相信自己主宰了大腦？大腦可是如此一個遠超乎思索能力，即使我們花費十億年也設計不出來的東西！還有，拜託別把大腦比作電腦，電腦對於**經驗**根本一無所知。電腦是機器，是人類的認知模型，與人類不可互相取代。

你需要餵養你的大腦，才能讓它做好它的事，而不是「思考」出擺脫某個問題的辦法。學習就是在餵養大腦。我們太過傲慢，總以為我們靠心智建立了重要的事物。更進一步說，我們應該駕馭大腦，而不是餵養它。

說到這裡，我建議一種好的思考方式——或許稱之為「好奇」更好。你可以運用你的心來找出能夠餵養身體和大腦的新事物，你可以運用你的心來弄清楚，為何你的大腦或身體喜歡這個東西，而不喜歡那個東西。此處的陷阱是，你是否受困在你為何不喜歡某些事物，而非專注在你所喜歡的事物。

至於學習，你可以透過觀察來達到目的。我的朋友比利有個很棒的說法：他可能跟你說，他從事營造業，但他其實是個藝術家，他的靈感來自於觀察別人做事。「在我們這個行業，我們稱之為『用眼睛去偷』。」他說。偷別人的東西，但絕對要用眼睛偷，直到你再也裝不下任何東西為止。

你得相信我，在我的大半輩子裡，我非常熟悉這種陷阱。我對於某事或某人為何不符合我的標準，會建構出一套非常清楚的解釋。當我這麼做時，我傷害了別人。如果某人表現得不夠有趣，我會推斷他不夠聰明。如果某人不擅長數字，我也會推斷他不是很聰明，而且馬上走人。如果某人質疑我的看法，我會認為他們懂得太少（你看：我比別人聰明），而且不理會他們說的東西。對於這些人，我感到抱歉！對於他們之中任何一個還願意跟我做朋友的人，我謝謝你！

我已經明白我不需要靠思考來解決問題，但我確實需要去思考什麼才是該做的事——就是那些會使我發癢的事。那是思考的用處，這麼一來，我就能好奇接下來要做什麼事。

現在我該做什麼？

所以我選擇專注於我的大腦和身體發現為真的事情，我知道這些事是真的，因為它們令人發癢。而且我會餵養大腦和身體，直到再也不癢為止。我設法不要刻意為之，不過我有時會利用音樂，不停播放某張專輯，直到我膩到聽不下去為止。如果你的大腦像我的大腦一樣，它受夠了時會讓你知道——或者不會。

近來我發現一些似乎不可能讓人失去興趣的音樂家。我是在說斯圖吉爾・辛普森（Sturgill Simpson）、強納森・威爾森（Jonathan Wilson），還有瓦樂莉・朱恩（Valerie June）。斯圖吉爾・

辛普森在二〇二〇年發行了兩張重要的藍草音樂（bluegrass）專輯，合起來爆發出了驚人的創造力。瓦樂莉・朱恩的〈你和我〉（"You And I"）可能是有史以來最美的情歌，至少對我來說，那是我近來聽過最棒的情歌。

專攻某件事到近乎痴迷的程度，我看不出有任何不對的地方。當我寫下這個句子時，M正無數次閱讀著《哈利波特》，那是她能為自己做的最棒的事，因為她的大腦對此無法饜足。（還有因為J・K・羅琳將全部的東西放進了書裡，各位，是**全部的生活**；難怪那孩子想知道這一切。在一套書中包含了整個人生？你應該把這書讀上十遍，如果你辦得到的話。）

如果我不做那些使我發癢的事，等同於告訴大腦：我不在乎它想要的東西，那就不是與大腦建立良好關係的方式。如果你太常這麼做，大腦會停止與你溝通。為什麼？你會和一些不在乎使你快樂——讓你**發癢**——的事物保持連繫嗎？不，你不會。

你想獲得昆達里尼體驗？我不知道能告訴你什麼，除了一件事：如果你不去關注**真相**所帶來的癢，藉此重建你和宇宙的關連，那麼，你沒有任何機會。

藉由控制感官，你就能控制想法，然後變得心平氣和。這麼做會讓自我意識消失。

——《室利・商羯羅查爾雅的明辨至寶》（*Vivekachudamani of Sri Sankaracharya*）

＊＊＊

我是那種會把所擁有的書全部留著的人。這些書裝箱打包跟著我從一個國家搬到另一個國家、從一個城市搬到另一個城市、從一個家搬到另一個家。我為何這麼做？這其實無關乎別人看見我的書時可能想到的原因，我是為了能再度記起自己曾讀過的書，讓記憶回復到一種具有潛力的狀態，以便讓這本書能再度幫助我學習新的事物。

疫情隔離期間，一場猛烈的暴風雨襲擊了M和她母親居住的西徹斯特（Westchester）。「媽媽叫我們去睡地下室，」事後M告訴我，「她叫我從臥室帶走我需要的東西。」

她帶了什麼？倘若她再也無法上樓？

她全部的《哈利波特》，沒有別的。

那女孩知道如何搔自己的癢。

第十七章　永遠感到好奇

將那句話寫進你的書裡。

——M．麥當諾

有一回，我跟我的朋友麥特說道，多年來，我母親把那些不時帶在身邊的書稱之為「腦書」，裡面包含了她需要知道的一切。麥特告訴我，以往所有偉大的思想家都會隨身攜帶這樣的書。在《好點子從何而來？》（*Where Good Ideas Come From*）一書中，作者史蒂文．強森（Steven Johnson）將達爾文的筆記本描述為一個「培養預感的空間」，那是相當酷的說法。

更棒的是，強森向我們指出「札記本」（Commonplace Books）這個名稱。在啟蒙時代，任何一位自重自愛的人都會帶著它們，當時甚至還出現一個動詞：**寫札記**（commonplacing），這遠比起現今俗氣的替代用語**「寫日誌」**（journaling）更不落俗套。

這一切都要追溯到亞里斯多德關於「常識」的概念：將全部的東西放在一處，讓你的大腦處理之後的工作。當然，啟蒙時代的思想家對此有著全然相反的理解。英國哲學家洛克（John Locke）用法文寫了一篇關於札記本的論文，一七〇六年以英文篇名〈製作札記本的新方法〉（"A New Method of Making Common-Place-Books"）發表，文中詳述了依主題和類型安排材料的適當「技巧」。他甚至將他的索引系統包含在他的名作《人類理解論》（*An Essay Concerning Human Understanding*）之中。不愧是科學家！他們總是試圖組織一切！

似乎每個嚴重搞錯目標的人都會寫下高度組織化的札記，包括法蘭西斯．培根（Francis Bacon）和神學家威廉．斐利（William Paley），然而，最好的札記本所記下的，是如同你想法產生時那般凌亂無序的內容，例如達文西描述他的筆記本是「沒有秩序的集子，來自於許多文件，我將之抄錄在此，希望之後根據它們所處理的主題一一進行整理。」感謝上帝，達文西沒有真的抽空去整理，否則會毀了一切！據說，馬克．吐溫（Mark Twain）的札記本，內容也同樣雜亂不堪。

進行整理的人錯了，而達文西和馬克．吐溫是對的。亞馬遜倉庫原則上不做整理是有原因的，因為那正是大腦的運作方式：你只需將全部的東西胡亂地堆放在那裡，你的大腦就會處理剩下的事。

J．K．羅琳將她的札記本放進《哈利波特：火盃的考驗》一書中，那是鄧不利多辦公室裡一個名叫「儲思盆」（Pensieve）的石盆，哈利波特偶然撞見了，結果發現自己出現在鄧不利多的記憶中。「我確信你懂這種感覺。我心裡塞進了太多的想法和記憶。」鄧不利多向哈利解釋，「這時我會使用儲思盆，你只需將心中過多的想法抽取出來，灌進盆中，等到有空時再加以檢視。你明白在這種形式之下，會比較容易辨識出這些東西的類型和關連。」❶

「Pensieve」這個名字取得高明，是*pensive*（沉思的）的雙關語，因為它暗示在大量記憶中發現意義和洞見的過程。然而，它其實不過是一本日記。

這是我們在語言上出錯的地方。在過往，「札記」代表了一個將全部東西一股腦兒傾倒的地方，這些東西留給大腦去組裝，最後得到寶貴的洞見。而如今，我們認為札記是個再普通不過的東西，根本不值得注意。這是極大的錯誤：普通的事物——或平凡的人——並沒有什麼不對，任何自詡不凡的人都是錯的。我認為普通就是特別，因為你實際存在。

不久前，我問喬伊：「你知道那本在我手上寫了好一陣子的筆記本到哪去了？我是不是給了你？」我確實給了她。那是Chronicle Books出版公司製作的一本黑色小冊子，封面上有著「真他媽的傑出」的金色字樣。喬伊將它還給了我，因為它顯然是我的菜。喬伊不會真的罵人，而我認為罵人是一種藝術形式。

我們每天過著忙碌的生活，你得將東西記下來，才不會忘記。如果你願意，你當然可以記流水帳或寫日記，但我談的是別的事，你應該將它視為一個儲存你最好點子的倉庫。我的點子很棒，你可以從我存放它們的地方看得出來。我相信你的點子也很棒。

* * *

我是個超級瑜伽迷，而瑜伽修行者往往通曉世事。西方宗教和哲學傾向於將生命體系拆分成不同的部分，但印度傳統主張一切都是一體的，包括物質、心理和精神。近來，西方文化所面臨的核心問題之一是，我們有太多人誤解了「完整生命」這個概念。如果你只是追尋生命中一、兩個或三個組成部分，絕不可能找到方法達到覺悟。如果你想變得**完整**，你必須復甦你的**整體**生活。

我一向不是那種想加入某個封閉性社團的人。封閉性社團很愚蠢，他們是一群沒有安全感的人，總以為自己比他們甚至不認識的人更優秀。真正的成功是比**你自己**優秀，這便是瑜伽的全部要義。所以，任何理所當然試圖排外（而非包容）的組織，總是會惹惱我。證書唯一的用處，只在被允許用水肺潛水之類的事情上，以免你因為意外事故而害死自己。

我們一路上亦步亦趨地學習別人體系的點點滴滴，總是能夠往前進，但我不想遵循**你的**體系，因為我已經有了自己的體系。你也該擁有你自己的體系。在我告訴你我的體系之前，讓我先說清楚一件事，這樣你才不會以為我懂得比你多：我是天底下最大的笨蛋！我花了五十年時間想錯了全部的事情。

我生活在一個量化的現實之中，同時猛烈抨擊同樣這麼做的人。

我活得不快樂，和宇宙（亦即自我）沒有連結。
我將一切歸咎於別人，即使我知道那是不對的。
那導致我酗酒、憤怒和怨恨。
代理天使拯救了我的人生，她教會我如何愛我自己。
還有愛上發癢。
誰知道呢？
唯有屈服於愛，我才能放下一切。
我放下對確定性的需求，也不再堅持我必須是對的。
我拋棄了精準，取而代之地，我愛我自己的存在。

你是否曾偷偷納悶我為什麼不快樂？我為什麼沒有連結？如果你不曾對自己有過懷疑，那麼我對你肅然起敬。如果你也這麼想過，那麼我希望本書能說服你相信，你也可以放下一切。

任何事都可能發生。
宇宙有無限可能性。
你可以做你想做的任何事。

你只需要多愛一些。

就是這樣。這會是你所做過最容易的事，一旦你開始做，一切會變得更容易。在你還來不及發覺之前，就會有一個完整的生命體系展現在你眼前，彷彿憑空出現那般，因為它確實如此：意識之洋極其深邃，包含了你所需知道的一切。

我不是在建議你遵循我的途徑，或將我的故事變成你的故事，又或者仿效我所做的每一件事。因為如果你所做的事沒有根本的連貫性，你很難找到你的人生目標。「紀律」一詞往往揹負了壞名聲，但那是弄清楚你的本質的手段。

你為何做你正在做的事？

倘若我在幾年前問自己這個問題，我唯一能想到的理由是——「因為我喜歡」。但這個答案不夠好。做任何事都只有一個理由，那就是因為，**你覺得你在做對的事**。然而，除非你擁有一個生活體系，能為你大大小小的決定提供情報，否則你不會知道什麼才是對的事。

順其自然並沒有錯，的確，因為那是生命的精髓，但即便這些自發的時刻，也發生在更大的背景之中——也就是「**你**」的這個背景。如果你能學會**專注**於自己的存在——你的**自我**——你終究會明白你是誰，以及你為何要做你所做的事。到那個時候，你會停止做某些事，並開始做點別的。最終這個體系會照顧好你自己，而你只需要出現。

換言之，你唯一需要的是**覺知**。就是這樣，沒有別的了。這時，你會投入到那些使你發癢的經驗。但說真的，經驗是什麼？經驗是發生在**意識之內**的東西。所以當某個經驗使你發癢，那其實是意識在搔你的癢。意識又是什麼？嗯，意識就是**你**——你有意識，因為你存在。

存在 ⇩ 意識
意識 ⇩ 經驗
經驗 ⇩ 使你發癢

或者，你偏好用一個較短的方程式來理解：**存在使人發癢**。

又或者，有另一種說法：**多愛一些**。

上一章我已經告訴你如何搔自己的癢。以下是一句話的秘密：你只需要意識到你自己的存在，以及，去愛「你是活著的」這個事實——這就是源頭，包含了所有癢的癢。笛卡爾說「我思，故我在。」他的這句話包含了太多的步驟，其實，思考是不必要的。你需要做的只是**存在**而已。

我在。

如果你擁有一個對的體系，總有一天，每件事似乎都會契合，彷彿現實中所有疑惑都在你體內被解決了。此事不是透過心智能力，而是不知不覺和自動自發而產生，甚至表現得好像沒有任何原因！因為不會有原因，當它發生時，你只需要做好準備。我經歷過這樣的事，此後，我感到莫大的自由。

達夫的生命體系

試著在每件事中看見幽默

如果說，我這輩子擅長哪件事，那麼就是這個了。我沒說我是我身邊的人當中最有趣的人，因為我並不是。但《讀者文摘》是對的：笑是最好的良藥。

和朋友相處

我也很擅長此事。我從未真的想要主導任何事，我只想和朋友待在一塊兒，這是我買下羅克雷治的原因。如果你不把我買下羅克雷治的真正原因包括進來的話，那便是為了送給我女兒，好讓她永遠有個稱作「家」的地方。我買下羅克雷治的另一個原因，是引誘我的朋友們離開紐約，來到一個更有益於談話的地方。沒想到，我得到的結果是相反的。沒錯，我們確實有朋友從紐約市搬了過來，但我們在這裡，就在同一條街上又結交了新朋友——我終於弄清楚社群的意思，這是很棒的事。

去看現場音樂表演

趁著巴布·狄倫還活著時，去看他的表演。還有，趁你還活著，去看凱爾·弗格森（Kyle Ferguson）。

大量閱讀

我們已經談過此事。「親身體驗」是餵養大腦的最好方式，但閱讀可能是最有效率的辦法——瑪莉安·沃夫和曼古埃爾能告訴你原因。你可能會讀任何讓你感興趣的東西，但最終，你應該去閱讀一些關於認識**自我**的書。印度哲學中，知識之道，或者說「jnāna」，意思是認識作為**至高現實**的**自我**。這些書會提醒你，你就是上帝，請務必記得。正因上帝無所不能，所以，你也能成就任何事。

當個專業人士，別當專家

世界上沒有專家，只有專業人士。專家「思考」事情，而專業人士只「做」事情。避免過度思考，只管做你需要做的事。

走出戶外

在我們的土地上有一條小溪叫鳳凰河（River Phoenix），是M在看過電影《伴我同行》（*Stand by Me*）之後命名的。我們對這條小溪說話，我在心裡寫信給它，我最好的笑話也跟它有關。（我認為喬伊跟鳳凰河有一腿。每次她出門去見它，回來時總是搞得全身溼透！）

跟別人分享好東西

在社群媒體張貼你認為很棒的東西，不過別太自戀。你應該利用社群網絡散布美好事物的訊息。好吧，你可以貼和你自己有關的東西，但別忘了放上我不時撰寫的文章連結。

不要喝酒

我一直不願告訴別人我喝酒的樣子。你知道，整罐整壺地喝。但現在是時候了：當人們說這人有酗酒問題而那人沒有時，完全是在混淆事實。每一個喝酒的人**都有**酗酒問題。如果你想找到存在狀態，意思是待在此時此刻，那麼酒精絕對是個障礙。當你喝酒時，你會被帶離現在；這正是你說出無心之語、以及陷入爭執的原因。當你醉後恢復過來，你的心思變得遲鈍，並且仍然是脫離現在的，你感到疲倦、悶悶不樂、身體病懨懨。酒精不是個好東西，它根本是毒藥。

嘗試衝浪

喬伊和我嘗試去衝浪。我們兩人都不擅長，但有什麼關係？衝浪很好玩！喬伊說，衝浪是一趟就買齊所有快樂的購物行程。衝浪引人深思，也是激烈的體力活動，你身處大自然，可以與人社交，甚至能追浪。當人們談到心流，其實是指「在生活裡衝浪」。流動是一種沒有數字的狀態，這你得相信我：如果你考慮到數字，那麼絕對無法進入心流。因為當你考慮到數字，你可能會想起過去或未來，這麼一來就無法衝浪了，你會錯過一切的樂趣。我們這個社會的問題在於全都是數字、全都是時間，我們忘記了流動的感覺。

你可知道血管系統是藉由一個稱作「駐波」（standing wave）的東西在運作，它發自心臟主動脈。當你冥想時，你活化了神經和循環系統裡的振盪器，將你鎖定在頭部周圍磁場中一種波浪般的脈動節奏之中。各位，這全都是波。所以，任何不會流動的東西，都不是完全地活著。

專注於可能性，而非或然性

意思是，設法擺脫數字對你的掌控。記得運用你的文字，各位。

不要浪費時間

想要不浪費時間，方法之一是就設法避開時間陷阱。當你不斷考慮過去和未來，你是在浪費你的現在。別想那麼多，儘管去行動就對了。當然，你可以回憶美好時光，但不要停留在那裡。因為，只有現在才是存在的。

不要計畫未來，現在就去做

我說不要計畫，並非說你不能做某些**需要**計畫的事，例如舉辦一場派對，或者創作藝術品，這些都很好，因為當你設定意圖並加以實行，你是在一連串的**現在**中工作。我的意思是，你不應該說：「等我準備好了，我就會做那件事。」或者「在我們做這件事之前，不應該做那件事。」我大半輩子都以為人生必須循序度日，而我錯了。你應該做你此時此刻就想做的事。

永遠感到好奇

好奇不同於懷疑或思考，它是一種接納狀態，而非主動的詢問或計畫。好奇心多半是自動自發的產生。當你思考過度，你就會專注於或然性，而當你開始好奇，你會專注於可能性，這兩者天差地別。你要保持開放的心態，並且不停地問自己問題。例如：你差不多已經讀完這本書了。當你放下書，你要做什麼？

保持簡單

這不是原創的想法。大家都在彼此抄襲，對吧？我最喜歡的是斯瓦密．維韋卡南達（Swami Vivekananda）的版本。他建議我們最好尋求普遍性，而非陷在特定性之中：

> 如果一個人想要一點一滴地了解這個宇宙，他必須知道每一顆個別的沙粒，那意味著需要無窮的時間，因此他無法知道所有的沙粒。既然如此，知識又能如何呢？一個人怎麼可能透過特定的事物而知曉一切？瑜伽修行者表示，在這個特定的示現背後，有一種普遍性。在所有特定的概念背後，存在著一種普遍的概念、一個抽象的原則，理解了它，你便理解了一切。❷

或者，如果現代的聖人比較合你的胃口，你可以聽聽湯姆．佩提的歌。在他的歌曲〈清醒時刻〉（"Wake Up Time"）中，佩提建議「是時候睜開你的雙眼，好看見樹木中的森林」——這是同樣的觀點。你絕對無法在特定的事物中找到無限。通往終極知識的途徑，是透過對相同而非對差異的理解。

做瑜伽

我在二〇一三年開始修習哈達瑜伽。認識喬伊後，她將瑜伽哲學介紹給我。什麼是瑜伽？馬哈拉吉簡明地說：「自私根植於自我的錯誤觀念中。澄淨的心思就是瑜伽。」瑜伽是專注，瑜伽是合一，瑜伽意味著將你自己與全體意識結合起來。（閱讀能讓你知道全體的意識，而瑜伽使你能與之結合。）當你將瑜伽融入生活，一切都會恢復平衡。

不出意外的，喬伊比我更懂得闡釋瑜伽的本質。如果問到她的目標，她會告訴你，她每天都想辦法要觸及愛的所在。當她達到那個境界，她會開始振動，這時便能將她自己的頻率融入宇宙之歌當中。我從未遇見另一個像喬伊這樣擁有如此強大愛的能力的人，這真的相當令人汗顏，如果我深刻地去想，我會感動到哭出來！總之，那就是瑜伽的全部目的：讓你在各方面再度恢復正常——使你覺察到自身存在的榮耀。這個方法有效。

冥想

喬伊鼓勵我進行冥想。我們會進行由迪帕克與歐普拉帶領的冥想，這些課程很棒。這對我來說是新的觀念：有很長一段時間，我告訴喬伊我喜歡迪帕克，但無法與歐普拉連結。而且，我需要在做迪帕克冥想時努力按摩脖子。二〇二〇年四月的某天早晨，喬伊假裝成歐普拉，我於是了解了歐普拉所說的一切，並且明白我愛她。問題出在**我的**身上，一向如此，那是我這輩子第一次正確地進行冥想。

啊，順便一提：不易受到驚嚇的貓，之所以如此冷靜從容的原因是什麼？因為牠們一整天大部分的時間都在**冥想**。只要看看牠們閉著眼睛的樣子就知道了，牠們在**冥想**。

不過說真的：冥想不是玩笑，冥想是「答案」，我最近這麼描述它。它是看清事物本質的唯一方法，是平息心中概念性思考的風暴，能消除塵世生活的主觀／客觀二元性。如果你能做到，就能看透你自我意識的角落。換言之，你開始從更好的**觀點**看待事情。那全是自我意識，對吧？**你的**觀點。我們每個人都不停落入使我們無法看清事物的陷阱，而冥想使你得以訓練心思來抑制不同的觀點，如此，你便能駐留於當下，並且做出反應。

多愛一些

真愛的要義，是保持開放的心態，能夠說出「我不知道接下來會發生什麼，但我做好了準備。」那就是愛。只要點燃這個火焰，你的身旁全都是火種。

只是存在著

一旦你明白如何做到，就沒有比這更容易的事了。

後記——無限的以後

大家都在彼此抄襲，對吧？所以我要抄襲我女兒的故事來結束這本書。這是M本人，也是我女兒的一幅畫作。小孩子知道得比我們多，因為他們沒有讓無用的訊息逼得大腦超載，他們的大腦依舊在處理著直接出自宇宙源頭（亦即意識之洋）的東西。我認為這份清單是M檔案庫中的珍寶，所以我把它寫出來。但為了真正理解，我們必須**專注**於它的潛在訊息，亦即事物背後的事物。

歡迎來到狗學校

狗學校守則

1. **不要踢、打或咬你的朋友。**
2. **要善待你的朋友。**

3. **要樂於助人。**
4. **傾聽別人說的話。**
5. **不要自私自利。**
6. **要與別人分享。**

這份文件裡有這麼多讓人喜愛的東西。

它是一份用「歡迎」作為開頭的規則清單，這是著手進行任何事情的正確態度。

第一條和第二條完整理解到友誼的雙向概念。

第三條是好人的跡象。

第四條是非常棒的建議。我沒有時時遵守。

第五條是為人仁善的跡象。

第六條在你明白如何搔自己的癢時會自動發生。因為這種癢會傳染。

你看得出這裡發生了什麼？我們不是真的在談狗學校，對吧？我們在談**人生**。而M給我們的是**人生守則**。從這個觀點來看，開頭的標題其實是：**「歡迎來到人生」**。天啊，我真愛這孩子。

現在看看我的「**歡迎來到人生**」。

人生守則：

1. 集中注意力⇩**可能性**。
2. 乘浪而行⇩**選擇**。

如果你開始真正專注於正發生在你身上的事……

事情應該會開始變得有趣，

大約就在……

現在。

愛，

和宇宙。

PS：它會讓人發癢。

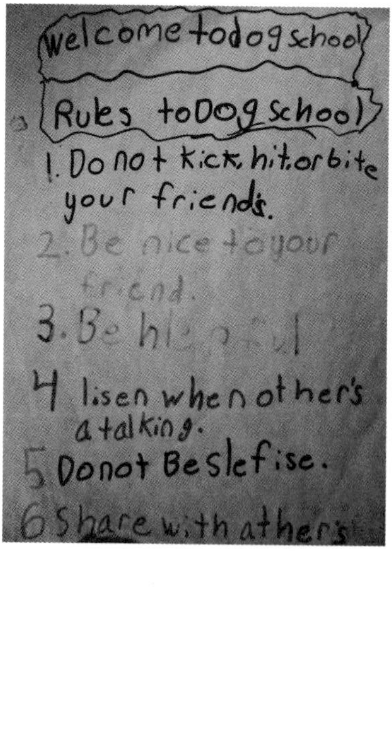

誌謝

本書的內容從無中生有，就像所有的一切事物。

但有四個人值得我表達感謝，因為他們幫助我讓這本書出現在這個世界上。

感謝你，赫里斯（Hollis），感謝你相信我。我們辦到了！

感謝你，M。你是我至今所曾有過最棒的點子。

感謝你，喬伊。你乘著天使之翼，進入我的人生。

感謝你，老媽，我為一切感謝你，尤其是你想出我這個點子。你和老爸為了愛而做了那件事。

我知道你想念他，我也想念他。但我肯定他現在正朝下看著我們，大笑著我終於弄明白要如何活著。

——紐約赫爾利，二〇二一年三月

注釋

序言

❶ Swami Vivekananda, *The Four Paths of Self-Realization: The Path of Knowledge, the Path of Inner-Transformation, the Path of Selfless Action, the Path of Devotion* (Discovery, 2017), 167.

❷ Tomas Sedlacek, *Economics of Good and Evil: The Quest for Economic Meaning from Gilgamesh to Wall Street* (New York: Oxford University Press, 2011), 171.

❸ Ibid., 328.

❹ Eknath Easwaran, *The Dhammapada* (Tomales, CA: Nilgiri Press, 2017), 46.

❺ William Deresiewicz, *Excellent Sheep: The Miseducation of the American Elite and the Way to a Meaningful Life* (New York: Free Press, 2015).

❻ Deba Brata Sensharma, *The Philosophy of Sadhana* (Albany: State University of New York Press, 1990), xiii.

❼ Sri Swami Satchidananda, *The Yoga Sutras of Patanjali* (Integral Yoga Publications, 2012), 78.

第一部分 大覺醒

❶ J. K. Rowling, *Harry Potter and the Chamber of Secrets* (New York: Scholastic Paperbacks, 1998), 324.

第一章 活在當下

❶ 我應該提及本書最重要的外部資源是《哈利波特》系列小說。為什麼？第一個理由，我寫這本書是為了我的女兒M，而她現在正熱中閱讀《哈利波特》。我愛她，所以我也愛哈利波特。最棒的東西莫過於愛。第二個理由是J．K．羅琳設法將一切塞入這些小說中。如果你只打算使用你自己之外的某個資料來源，你大可考慮一個「包含了一切」的來源。喬伊的母親貝蒂告訴我，身心靈導師說，如果你想在寫作中建立可信度，你的訊息裡要有三個東西：第一，你需要包含出自聖典的教誨。第二，你需要包含出自你的古魯（guru）的教誨。第三，你需要包含你自己的經驗。啊，我真幸運！本書的聖典是《根據哈利波特的福音》（*Gospel According to Harry Potter*）。我的古魯？眼下他的大名是巴布．狄倫，而且這本書裡充滿了他的教誨。最後，本書充斥著我自己的故事。你瞧，多麼有可信度！

第二章 啟蒙沒有方程式

❶ 如果你要我推薦至今可能讀過最棒的書，那會是室利．尼薩加達塔．馬哈拉吉的《我是那》（*I Am That*）（※編注：繁體中文版於二〇一六年由自由之丘出版）。在閱讀馬哈拉吉時，我明白西方世界如何把事情理解為完全顛倒的一面。西方人認為客觀是真相，然而東方哲學卻認為客觀是假象。馬哈拉吉說：「**真相**沒有任何客觀性可言，它在本質上純粹是主觀的。」了解了這點，你便明白沒有哪一個人或團體比別人更有資格宣稱真相。所有感知都是假的，當你了解我們之中沒有人是對的，會讓你更容易去愛世上的每一個人。

❷ https://www.theverge.com/2020/12/15/22167586/pandemic-time-perception-2020-covid.

❸ David Frawley, *Vedantic Meditation: Lighting the Flame of Awareness* (Berkeley, CA: North Atlantic Books, 2000), 34.

❹ Paul Eduardo Muller-Ortega, The Triadic Heart of Siva (Albany, NY: SUNY Press, 1989), 169.

第三章 我所讀過最棒的書

❶ Alberto Manguel, *A History of Reading* (New York: Penguin Books, 1997), 211.

❷ 感謝室利・尼薩加達塔・馬哈拉吉將這個想法放進我腦中。

❸ Erin Morgenstern, *The Starless Sea* (New York: Anchor Books, 2019), 328.

❹ Ibid., 388.

❺ Ibid., 348.

第四章 關於數字的故事

❶ Robin Wall Kimmerer, *Braiding Sweetgrass: Indigenous Wisdom, Scientific Knowledge and the Teachings of Plants* (Minneapolis: Milkweed Editions, 2015), 347.

第五章 關於數字的書

❶ Don Lepan, *The Cognitive Revolution in Western Culture: The Birth of Expectation* (Broadview Press, 1989), 170.

❷ 一個名叫傑・亞力克斯（Jay Alix）的男人，近來花了幾年時間在美國破產法庭追查麥肯錫公司，試圖使之遵從法律。其間，我替他做了一些諮詢工作。在此之前我曾短暫地擔心過，與亞力克斯合作是否會損及我身為新聞工作者的名聲，但後來我明白，如果我不跟他合作，遭殃的不是我的事業，而是我對自己的看法。麥肯錫蔑視法律，而我對指出這點一點也不後悔。我觀察了亞力克斯一段時間，在完全公開的情況下檢視他的動機和行為，發現他是一名復仇天使，配帶著他以時間、精力、技術和財富打造而成的利劍。某位受敬重的前破產法官公開指稱亞力克斯是英雄，我贊同他的意見。

❸ Stanislav Andreski, *Social Sciences as Sorcery* (New York: St. Martin's Press, 1973), 95.

第六章 時間陷阱

❶ Lepan, *The Cognitive Revolution in Western Culture*, 86.

❷ Forster, E.M. Howard's End (New York:; Everyman's Library, 1991), 190.

❸ Swami Nikhilananda, *The Gospel of Sri Ramakrishna* (New York: Ramakrishna-Vivekananda Center, 1942), 259.

❹ J. K. Rowling, *Harry Potter and the Chamber of Secrets* (New York: Scholastic Paperbacks, 1998), 297.

第七章 你無法測量自由

❶ J. K. Rowling, *Harry Potter and the Prisoner of Azkaban* (New York: Scholastic Paperbacks, 2001), 109.

❷ Lee Sannella, *The Kundalini Experience: Psychosis or Transcendence* (Lower Lake, CA: Integral, 1987).

❸ Swami Vivekananda, *The Four Paths of Self-Realization: The Path of Knowledge, the Path of Inner-Transformation, the Path of Selfless Action, the Path of Devotion* (Discovery, 2017), 185.

❹ 感謝室利・尼薩加達塔・馬哈拉吉開啟我這種思考路線。

❺ Fritjof Capra, *The Turning Point: Science, Society, and the Rising Culture* (Toronto: Bantam, 1984), 375.

❻ Amin Maalouf, *Balthasar's Odyssey* (New York: Arcade, 2002), 75.

第八章 精準悖論

❶ J. K. Rowling, *Harry Potter and the Chamber of Secrets* (New York: Scholastic Paperbacks, 1998), 150.

❷ David Frawley, *Vedantic Meditation: Lighting the Flame of Awareness* (Berkeley, CA: North Atlantic Books, 2000), 46.

❸ Sri Swami Satchidananda, *The Yoga Sutras of Patanjali* (Integral Yoga Publications, 2012), 105.

❹ William Byers, *The Blind Spot: Science and the Crisis of Uncertainty* (Princeton, NJ: Princeton University Press, 2011), 19.
❺ Ian Hacking, *How Shall We Do the History of Statistics?*
❻ https://phys.org/news/2014-06-physicist-slower-thought.html
❼ Paul Eduardo Muller-Ortega, The Triadic Heart of Siva (Albany, NY: SUNY Press, 1989), 53.
❽ 我朋友魯帕姆．達斯向我指出此事，太棒了。

第九章 答案是非賣品

❶ J. K. Rowling, *Harry Potter and the Prisoner of Azkaban* (New York: Scholastic Paperbacks, 2001), 51.
❷ Dr. Richard Gillett, *IT'S A FREAKIN' MESS: How to Thrive in Divisive Times* (New York: Kingston Bridge Press, 2020), 112.
❸ Robin Wall Kimmerer, *Braiding Sweetgrass: Indigenous Wisdom, Scientific Knowledge and the Teachings of Plants* (Minneapolis: Milkweed Editions, 2015), 305.

第十章 現在該做什麼？（唯一重要的事）

❶ J. K. Rowling, *Harry Potter and the Chamber of Secrets* (New York: Scholastic Paperbacks, 1998), 333.
❷ Eknath Easwaran, *The Bhagavad Gita* (Tomales, CA: Nilgiri Press, 2007), 63.
❸ Rowling, *Harry Potter and the Prisoner of Azkaban* (New York: Scholastic Paperbacks, 2001), 53.
❹ Eknath Easwaran, *The Dhammapada* (Tomales, CA: Nilgiri Press, 2017), 118.

第三部分 一切皆有可能

❶ Nisargadatta Maharaj and Ramesh S. Balsekar, *Seeds of Consciousness: The Wisdom of Sri Nisargadatta Maharaj* (Durham, NC: Acorn Press, 1990), 102.

第十一章 沒有時間思考

❶ Morgenstern, *The Starless Sea*, 543.

❷ Sri Swami Satchidananda, *The Yoga Sutras of Patanjali* (Integral Yoga Publications, 2012), 9.

❸ Ibid., 13.

第十二章 愛的方程式

❶ J. K. Rowling, *Harry Potter and the Goblet of Fire* (New York: Scholastic Press, 2000), 281.

❷ Lee Sannella, *The Kundalini Experience: Psychosis or Transcendence* (Lower Lake, CA: Integral, 1987).

第十三章 茉莉團

❶ Maharaj and Balsekar. *Seeds of Consciousness*, 132.

第十四章 無限的康普茶

❶ Maryanne Wolf, *Reader, Come Home: The Reading Brain in a Digital World* (New York: Harper, 2018), 29.

❷ Stephen King, *Later* (London: Titan Books, 2021), 241.

❸ Ibid., 54 ※編注：原書出處錯誤，此引文應出自卡爾維諾（Italo Calvino）所著《給下一輪太平盛世的備忘錄》（*Six Memos for the Next Milennium*），繁體中文版於一九九六年時報出版。
❹ Ibid., 64 ※編注：原書出處錯誤，此引文應出自瑪莉安・沃夫（Maryanne Wolf）所著《回家吧！迷失在數位閱讀裡的你》（*Reader, Come Home: The Reading Brain in a Digital World*）。編注：繁體中文版於二〇一九年商周出版。

第十五章 哈利波特的真實故事

❶ 感謝室利・尼薩加達塔・馬哈拉吉，他將這個想法放進我的腦中。
❷ Rowling, *Harry Potter and the Prisoner of Azkaban*, 36.
❸ J. K. Rowling, *Harry Potter and the Sorcerer's Stone* (New York: Scholastic Press, 1998), 254.
❹ J. K. Rowling, *Harry Potter and the Chamber of Secrets* (New York: Scholastic Paperbacks, 1998), 166.
❺ Ibid., 230.
❻ J. K. Rowling, *Harry Potter and the Deathly Hallows* (New York: Scholatic Paperbacks, 2009).
❼ J. K. Rowling, *Harry Potter and the Goblet of Fire* (New York: Scholastic Press, 2000), 734.

第十六章 如何搔自己的癢

❶ Maalouf, *Balthasar's Odyssey*, 24.
❷ Eknath Easwaran, *The Dhammapada* (Tomales, CA: Nilgiri Press, 2017), 85.

第十七章 永遠感到好奇

❶ Rowling, *Harry Potter and the Goblet of Fire*, 597.
❷ Vivekananda, *The Four Paths of Self-Realization*, 197.

心癢
Tickled

作　　者　達夫．麥當諾（Duff McDonald）
譯　　者　林金源
封面設計　羅心梅
內頁排版　高巧怡
行銷企劃　蕭浩仰、江紫涓
行銷統籌　駱漢琦
業務發行　邱紹溢
營運顧問　郭其彬
責任編輯　李嘉琪
總 編 輯　李亞南
出　　版　漫遊者文化事業股份有限公司
地　　址　台北市松山區復興北路331號4樓
電　　話　(02) 2715-2022
傳　　真　(02) 2715-2021
服務信箱　service@azothbooks.com
網路書店　www.azothbooks.com
臉　　書　www.facebook.com/azothbooks.read
營運統籌　大雁文化事業股份有限公司
地　　址　台北市松山區復興北路333號11樓之4
劃撥帳號　50022001
戶　　名　漫遊者文化事業股份有限公司
初版一刷　2023年10月
定　　價　台幣420元

ISBN　978-986-489-852-7

國家圖書館出版品預行編目 (CIP) 資料

心癢/ 達夫. 麥當諾(Duff McDonald) 著 ; 林金源譯. -- 初版. -- 臺北市 : 漫遊者文化事業股份有限公司出版 : 大雁文化事業股份有限公司發行, 2023.10
面；　公分
譯自 : Tickled.
ISBN 978-986-489-852-7(平裝)
1.CST: 自我實現 2.CST: 生活指導
177.2　　112014283